Méthode de développement
des facultés supra-normales

Discovery Publisher

Auteur : Eugène Caslant

616 Corporate Way
Valley Cottage, New York, 10989
www.discoverypublisher.com
edition@discoverypublisher.com
facebook.com/discoverypublisher
twitter.com/discoverypb

New York • Paris • Dublin • Tokyo • Hong Kong

TABLE DES MATIÈRES

Méthode de développement des facultés supra-normales

Préface

La méthode décrite dans ces pages n'est pas, comme certains critiques de la première édition l'ont prétendu, le produit de conceptions théoriques plus ou moins réalisables destinées à provoquer la clairvoyance chez les lecteurs soucieux de l'expérimenter. Elle est, au contraire, essentiellement positive, puisqu'elle est la conclusion de quelques milliers d'expériences entreprises durant une vingtaine d'années sur un nombre considérable de sujets de toute sorte. Les moyens indiqués sont la conséquence de multiples observations, et ceux qui les ont appliqués ont obtenu des résultats remarquablement concordants avec les miens.

D'autres personnes ont regretté que la méthode nécessite un instructeur et ne donne pas les moyens de développer la clairvoyance par soi-même. Cela n'est pas à souhaiter. Certaines faces orientales, il est vrai, obtiennent la vision subjective par un entraînement personnel, mais cela résulte d'une faculté innée, plutôt rare dans les races occidentales. Un développement sans instructeur risque de rendre le cerveau réceptif à des courants mauvais et déséquilibrés, qui déterminent les illusions trompeuses accompagnées de troubles nerveux susceptibles de devenir très graves ; tandis que ce danger disparaît avec l'instructeur, pourvu qu'il soit soucieux de conduire les images avec logique et régularité, d'éviter les questions décousues, ainsi que tout ce qui peut occasionner une fatigue ou un état pénible, et de provoquer chez le sujet des états d'équilibre et de calme de plus en plus complets. Non seulement le développement normal ne provoque aucun trouble, mais au contraire, il perfectionne l'état physique et moral du sujet et assure même sa guérison ou l'atténuation de son mal lorsqu'il est souffrant.

Enfin cette méthode ne doit nullement ses succès à mon action personnelle, comme on l'a également prétendu. Elle dépend évidemment des aptitudes du sujet, mais elle est efficace avec tout instructeur, pourvu qu'il en applique soigneusement les règles. Elle est comparable à une méthode de dessin ou de musique, dont l'application dépend de l'élève et du professeur, mais qui donne toujours des résultats. Elle s'exerce mal avec les personnes frustes, mal cultivées ou versatiles. Par contre, elle produit des effets remarquables avec les personnes évoluées, surtout avec celles qui savent garder une sérénité constante ou qui possèdent un désir sincère d'élévation morale ; en définitive, elle apporte à tous, avec plus ou moins de puissance, des états subjectifs nouveaux et supérieurs, car elle est une véritable culture psychomentale.

Méthode de développement
des facultés supra-normales

La connaissance du monde extérieur nous est donnée par nos sens, mais ceux-ci sont extrêmement bornés. Nous ne pouvons entendre ou voir une personne qu'à la condition d'être à proximité d'elle, et nous ne pouvons échanger nos idées avec elle que par l'intermédiaire de mots qui varient d'un peuple à l'autre et qui, le plus souvent, trahissent, volontairement ou non, notre pensée.

Cependant la science a pu, dans une certaine mesure, étendre nos sens : le microscope et le télescope ont agrandi le champ de notre vision dans l'infiniment petit comme dans l'infiniment grand ; le téléphone a supprimé pour l'audition la nécessité de la courte distance et la télévision transmet les images à distance. En outre la science nous a laissé entrevoir l'existence d'innombrables modes vibratoires, dont une infinitésimale partie seulement est perceptible. En effet, notre oreille n'enregistre que les vibrations de 32 à 33 000, notre œil ne perçoit que celles comprises entre les 450 trillions de la lumière rouge et les 750 trillions de la lumière violette ; de sorte qu'en intercalant même les vibrations de l'électricité et de la chaleur, on se trouve encore en présence de lacunes qui défient l'imagination. Ces lacunes correspondent-elles à des vibrations réellement émises dans l'univers, ou, au contraire, ne sont-elles que la conséquence d'un néant, d'une discontinuité absolue dans la succession vibratoire ? Cette dernière hypothèse n'est compatible, ni avec les lois de la nature, qui ne procède que par transitions, ni avec les acquisitions de la science qui nous découvre l'existence de vibrations nouvelles, à mesure qu'elle progresse, et il nous faut conclure que, selon toute probabilité, il existe d'innombrables centres vibratoires qui échappent à notre conscience, et dont la perception nous donnerait la connaissance de mondes insoupçonnables.

Faut-il admettre que nous ne connaîtrons ces mondes inconnus que par les lents progrès de la science ? Ne pouvons- nous suffisamment affiner nos perceptions actuelles pour étendre nos investigations ? Ne pouvons-nous acquérir des sens nouveaux et accroître indéfiniment le champ de notre conscience ? Cette question se résout immédiatement par l'affirmative, si l'on admet l'existence des phénomènes supra-normaux qu'on trouve relatés dans les écrits anciens et chez certains auteurs modernes : comme la double vue, la télépathie, le sommeil somnambulique. Mais ces phénomènes, dont nous allons cependant démontrer l'existence par la suite, sont discrédités ; c'est pourquoi, ils ne font pas partie de l'enseignement officiel et ne sont pas étudiés par le monde savant. Deux raisons expliquent ce discrédit.

Des observations contradictoires

La première s'appuie sur le caractère chaotique et contra-dictoire des observations qui ont été faites sur ce genre de phénomènes, sur ce que lui-même manifeste une variété et une spontanéité qui le rendent insaisissable ; enfin sur ce que les professionnels du somnambulisme plus ou moins lucide se préoccupent beaucoup plus de leurs intérêts lucratifs que de ceux de la science et ne craignent pas, certains du moins, de suppléer à leur faculté nécessairement capricieuse par du charlatanisme.

Et des idées préconçues

La seconde raison se base sur les idées préconçues que nous professons en général à l'égard du psychisme. L'étude des questions psychiques commence à peine ; jusqu'à ce jour leur solution nous a été donnée par les religions, les philosophies, les doctrines diverses et chacun de nous s'est rallié au système le plus conforme à son tempérament. Nous pouvons être négateur ou croyant, sceptique ou crédule, matérialiste ou spiritualiste, peu importe ; nous ne pouvons nous empêcher d'établir, à l'égard des destinées de l'âme, un édifice métaphysique, qui a ses fondations dans le plus profond de nous-mêmes et que nous rattachons au système religieux ou philosophique auquel il s'adapte le mieux. Nous devenons alors irréductibles, et dans les discussions, nous nous heurtons ou nous nous accordons avec notre interlocuteur dans la mesure où ses idées psychiques s'éloignent ou se rapprochent des nôtres. Si nos croyances ne sont pas en affinité avec les siennes, l'entente devient impossible, puisqu'elle nécessiterait le renversement d'une conviction dont les racines sont au plus intime de notre être, et qui s'est affirmée à chaque effort de notre pensée. Prenons, par exemple, la croyance aux vies successives :

la religion bouddhique et la doctrine théosophique l'admettent, la religion catholique et la doctrine gnostique la rejettent, les scientifiques modernes lui opposent celle de l'hérédité. Il est certain que catholique, gnostique et savant, d'une part, bouddhiste, théosophe et spirite, d'autre part, ne pourront aborder cette question sans se heurter ; ils pourront échanger avec plus ou moins de subtilité de nombreux arguments, ils ne s'entendront pas. De même, la télépathie, la voyance et autres phénomènes psychiques déterminent immédiatement chez celui qui en entend parler une opinion arrêtée, hostile ou non, parce qu'ils touchent aux destinées de l'âme et ébranlent notre édifice métaphysique. C'est pourquoi les publications, quoique nombreuses, qui sont faites à leur sujet, n'aboutissent, la plupart du temps, qu'à des discussions stériles.

Il faut adopter une attitude scientifique

Si donc on veut s'éclairer sur la valeur de ces phénomènes, il faut écarter toute forme religieuse ou philosophique et les examiner d'une manière positive, c'est-à-dire les étudier par les méthodes scientifiques. Mais ces méthodes ne consistent nullement à se perdre en discussions plus ou moins logiques ; procéder ainsi n'est pas faire œuvre de science, mais œuvre littéraire ou philosophique. La science nécessite tout au moins le processus suivant : l'observation, c'est-à-dire la mise en lumière de faits évidents ; l'expérimentation, c'est-à-dire la production voulue des mêmes faits dans des conditions variées qui permettent d'en étudier les filiations et les à-côtés ; la création d'instruments de mesure, sans lesquels il ne serait pas possible de préciser le phénomène et d'en fixer l'allure ; l'établissement des lois vérifiables par tous ; enfin, la présentation au public d'hypothèses fécondes susceptibles non seulement d'expliquer le phénomène, mais encore de faire apparaître des faits nouveaux.

Commencer par la sensation élémentaire

Pour remplir ces diverses conditions, il faut entreprendre l'étude des phénomènes psychiques par le commencement, c'est-à-dire par la sensation élémentaire, telle que celle qui résulte d'une faible lumière ou d'un son à peine perceptible. Cette étude existe déjà ; commencée depuis le siècle dernier, elle a engendré une science peu connue, appelée la Psychophysique. On lui doit un certain nombre de lois ; en particulier celle qui relie la sensation à l'excitant, et celle qui précise le fonctionnement des mémoires. Elle a fait connaître le jeu des contrastes et des rythmes. Elle a permis d'expliquer certaines illusions, d'éclairer notre mécanique naturelle, de comprendre le rôle des nombres dits mystiques dans l'univers, d'établir une esthétique rationnelle, bref de résoudre rationnellement et d'expliquer rigoureusement un certain nombre de problèmes psychiques. Je n'insisterai pas sur cette science, d'ailleurs très aride, dont l'exposé nécessiterait un grand nombre de séances et dont les principaux éléments se trouvent dans les ouvrages de Charles Henry, tels que le Cercle Chromatique, le Rapporteur esthétique, etc. J'aborderai seulement la partie de cette science, qui fait l'objet de la présente étude, à savoir le Développement des Facultés supra-normales, et qui concerne l'Imagination.

Une méthode valable pour tout le monde

L'imagination est un mot dont nous comprenons tout le sens ; nous savons qu'il correspond à un phénomène subjectif auquel nous sommes tous soumis, mais dont nous ne soupçonnons généralement pas toute la portée. L'importance de l'Imagination provient de ce qu'elle contient en germe les facultés psychiques supérieures. Il m'a suffi effectivement de m'appuyer sur quelques-uns de ses principes pour établir une méthode susceptible de faire apparaître chez toute personne, même d'évolution moyenne, le sens de la double vue, la vision du passé et la prémonition, la perception de sensations nouvelles et la connaissance progressive des mondes invisibles ; toutes ces facultés étant obtenues, sans action magnétique ni fluidique, sans disparition de la conscience normale et dans un temps très rapide, puisque leurs premières manifestations apparaissent en moins d'une demi-heure et sont suivies d'un progrès continu.

Qu'est-ce que l'imagination ?

Pour comprendre comment cela est possible, nous allons analyser le phénomène de l'imagination. L'imagination

peut se définir comme étant la faculté de percevoir intérieurement des images ; mais qu'est-ce que l'image ?
C'est le rappel d'une impression provoquée, soit par un
objet, soit par une réunion d'objets, soit par toute scène
ayant un caractère d'unité ou de cohésion, autrement dit,
c'est le souvenir d'un groupe de sensations élémentaires.
Généralement, on applique le mot « image » simplement à
la sensation visuelle, mais en psychophysique, pour simpli-
fier, on l'étend aux autres sensations et on considère aussi
bien des « images auditives, olfactives, tactiles, gustatives ».

Nous croyons, en général que les images peuvent passer
dans notre cerveau en ne laissant aucune trace visible au
dehors. Le contraire a été démontré. On a constaté que
nous ne pouvons nous représenter, même la plus faible des
images, comme celle de la lettre i, sans qu'il y ait production d'un mouvement, lequel consiste, en ce cas particulier,
dans un déplacement de la langue. C'est dire, en d'autres
termes, que toute vision interne est accompagnée d'une
émission d'énergie et se traduit finalement, par un mode
vibratoire c'est-à-dire par une propagation indéfinie.

La pensée émet une aura

Dans un ouvrage intitulé : les Formes pensées, Annie
Besant et Leadbeater, procédant par la vision interne,
constatent que toute pensée est accompagnée de la pro-
jection dans l'espace d'une sorte d'amas fluidique coloré,
invisible à nos yeux physiques, mais perceptible dans un
état spécial qu'on appelle voyance ou clairvoyance. Cet

amas fluidique présente un contour vague quand la pensée est imprécise, net, au contraire, quand elle est bien définie ; il manifeste, en outre, une coloration, dont la nuance dépend du genre d'émotion qui accompagne la pensée, et dont la luminosité et la pureté sont corrélatives de sa qualité. Ce flocon fluidique peut être projeté dans une direction définie et atteindre une personne déterminée, ou se répandre dans l'espace sans but précis, auquel cas il se groupe avec d'autres flocons par affinité. Dans un autre ouvrage intitulé : l'Homme invisible, Leadbeater observe que toute personne est enveloppée d'une atmosphère lumineuse appelée « aura » et qui rappelle, mais avec plus de complexité, le spectre et ses raies. C'est dans le sein de cette aura que se forment les flocons fluidiques, sous l'effet du travail émotionnel de la pensée. Faibles et légers lorsque l'esprit est calme, ils sont, au contraire, engendrés par des mouvements tourbillonnaires rapides et projetés au loin avec force lorsque l'âme est agitée par des passions violentes. Ils ne sont jamais perdus pour celui qui les a émis puisque les expériences faites sur les sujets en état d'hypnose établissent qu'on peut toujours retrouver une impression ressentie à un moment quelconque de la vie.

Un exemple troublant

Les images ainsi projetées ont une propagation indéfinie, et de ce fait atteignent tous les êtres, mais ceux-ci ne peuvent en prendre conscience que si leur état vibratoire s'accorde avec celui de l'image ; ce cas peut se présenter incidemment, comme le montre un grand nombre d'observations relatées par différents auteurs et, en particulier, par la Société des Recherches psychiques de Londres. Il a été établi que certaines morts ont coïncidé exactement avec la production, chez des personnes éloignées, de la vision du mourant ou d'une autre hallucination. Tel est le cas, par exemple, rapporté par Flammarion dans l'Inconnu et les Problèmes psychiques, de cette société réunie chez un notaire et attendant pour déjeuner le retour de ce dernier parti à la chasse. Tous virent la fenêtre de la salle à manger, alors ouverte, se fermer subitement et se rouvrir de même. La femme du notaire eut un pressentiment fâcheux et justifié, car au même moment son mari était tué par accident. Le mouvement de la fenêtre, bien que constaté par toute la société, n'avait eu aucune réalité, sans quoi une carafe, placée sur une table contre la paroi et dont le goulot dépassait les bords de la fenêtre, eût été nécessairement renversée ou cassée ; il y avait eu hallucination collective. Ce phénomène de transmission de pensée, ou d'état émotif, constitue ce qu'on appelle la télépathie. Bozzano, dans une étude parue dans les Annales des sciences psychiques, a exposé une série de faits qui résument la question et en démontrent nettement la réalité. Il est d'ailleurs facile à constater : Flammarion admet qu'une personne sur vingt a eu l'occasion de vérifier un cas probant de télépathie. N'avons-nous pas tous remarqué qu'à certains jours on pense subitement à écrire à un ami et que notre lettre se croise avec celle de l'ami : il y a eu télépathie.

Toute image perçue se projette hors de nous

Les travaux qui viennent d'être énumérés, conduisent à la même conclusion, à savoir que toute image perçue est finalement projetée hors de nous, ou, ce qui revient au même, provoque un courant qui la transmet dans un sens indéfini. Le savant remarque l'existence d'ondes de propagation aussitôt après la formation de l'image ; le sensitif perçoit l'émission d'un amas de substance lumineuse ou l'apparition d'un courant fluidique ; l'observateur constate que, dans certaines circonstances, il s'établit une corrélation entre le créateur d'une forme pensée et une personne étrangère plus ou moins lointaine. On en déduit cette conclusion remarquable que les images étant causes ou effets de courants, permettent par leur combinaison convenablement faite, de manier ces courants et de provoquer des phénomènes psychiques anormaux. En réalité, le cerveau fonctionne comme un appareil de télégraphie sans fil, tantôt comme émetteur, tantôt comme récepteur. Ce point de vue est contraire à l'opinion des anciens psychologues, comme Taine, par exemple, qui, dans son ouvrage sur l'Intelligence, professe que les images spontanées ne peuvent provenir que de la mémoire, c'est-à-dire des matériaux accumulés pendant le cours de l'existence. Cette conclusion est trop absolue. Nos perceptions internes sont formées la plupart du temps, il est vrai, avec nos souvenirs, mais elles peuvent aussi bien résulter d'impressions provoquées par le dehors et provenant de causes visibles ou non, connues ou inconnues, opérant dans des conditions plus ou moins occultes. En termes d'électricité, nous dirons que le cerveau fonctionne, généralement, en circuit fermé, mais peut encore fonctionner en circuit ouvert. Ce point est très important, car il fait comprendre la possibilité des facultés supra-normales.

Ce qui se passe dans le subconscient

En résumé, nous savons que certains excitants ou modes d'énergie, comme la lumière, le son, les odeurs, agissant dans des conditions convenables d'intensité et de contraste, provoquent sur nous-même un état de conscience appelé sensation. Cette sensation, une fois perçue, ne s'efface jamais entièrement, elle peut reparaître, dans certains cas, sans que l'excitant intervienne, mais alors elle renaît affaiblie; c'est le phénomène du souvenir. De même, un objet, un être, une scène déterminent un agglomérat de sensations, soumis au même processus de renaissance; la réapparition de l'agglomérat constitue précisément une image. La totalité de nos sensations se fixe donc en nous-même et constitue ainsi une sorte de magasin, qu'on appelle le subconscient. Mais comme nos impressions sont, dans une certaine mesure, communes à d'autres personnes, il en résulte que le subconscient renferme, parmi nos souvenirs, des images qui se retrouvent dans le subconscient d'une autre individualité. Par affinité, ces images s'associent entre elles et constituent des fils conducteurs qui permettent, occasionnellement, de puiser dans le subconscient d'autrui. Nous pouvons donc dire que ces magasins d'images ne sont pas hermétiquement clos, et que si nous accédons plus facilement dans celui qui nous est propre, nous pouvons néanmoins, dans certains cas, ouvrir la porte de communication et pénétrer dans celui du voisin, puis, gagnant de proche en proche, parvenir à visiter tel subconscient qui nous attire.

Deux sortes d'images

Puisque le cerveau fonctionne comme émetteur et comme récepteur d'ondes, il y a lieu de distinguer deux catégories d'images : les images émises et les images reçues. L'imagination étant le phénomène psychique déterminé par la combinaison des images, il y a, par conséquent, deux sortes d'imagination : l'imagination active et l'imagination passive.

Le rôle de l'imagination active

L'imagination active est la faculté de faire apparaître par la volonté les représentations internes, de les associer suivant une finalité ; c'est par elle que le littérateur construit ses romans, l'artiste établit sa composition musicale ou son sujet de peinture, le savant prépare ses travaux de laboratoire et combine ses opérations mathématiques. Elle est la source de la compréhension des phénomènes, de la création, de l'évolution du Moi ; elle est la base du jugement, de la formation des idées et d'un grand nombre de phénomènes mentaux. L'imagination active embrasse tout un monde.

L'imagination passive conduit au supra-normal

Si nous connaissions ses lois, et si nous savions les appliquer, nous pourrions guérir nos maladies sans médecin et sans médicament, transformer notre être et réaliser des miracles. L'imagination passive, la seule dont nous ayons à nous occuper, est un autre monde. C'est elle qui, par l'utilisation de quelques-uns de ses éléments, va nous donner les moyens de faire apparaître les facultés supra-normales. Elle consiste dans l'apparition spontanée des images. Celles-ci peuvent surgir d'elles-mêmes sous l'action de différentes causes, en premier lieu par leur liaison naturelle, car toute image tend à faire apparaître la série des images avec laquelle elle est liée par contiguïté dans l'espace et dans le temps. Par exemple, si aucun effort de volonté n'intervient, une pelouse dans un jardin évoque le banc qui est à côté ; le souvenir d'un incident dans une rue rappelle non seulement l'incident, mais les actes qui en ont été la conséquence. Les images se réveillent ainsi les unes les autres, de proche en proche, se groupent, en raison de leurs intensités et de leurs affinités et constituent des scènes plus ou moins cohérentes qui embrassent tout le champ de la conscience, si aucun phénomène objectif n'intervient. C'est ce qui se passe dans les rêves dont la cause principale est le jeu de l'imagination passive.

Une autre cause de l'apparition spontanée des images est fournie par la télépathie. Dans certaines conditions psychiques, l'image émise par une personne étrangère nous impressionne ; elle se mêle alors à nos propres images et crée une liaison spontanée entre les deux subconscients. C'est la raison d'être de certaines intuitions, de pressentiments, de perception des ambiances, de cas de double vue, de transmission de pensée et autres phénomènes anormaux.

Comment peut-on développer
nos facultés supra-normales ?

Ces préliminaires posés, nous pouvons maintenant comprendre le principe qui permet de développer les facultés supra-normales. Il suffit de mettre le calme dans les pensées et d'empêcher le jeu de l'imagination active, de manière à pouvoir isoler une image ; de renforcer ensuite l'intensité de cette image pour la chasser du subconscient ; puis de l'orienter en créant les associations convenables. Ces associations engendrent des courants qui entraînent la conscience dans un domaine nouveau, dont la nature dépend de l'orientation première de l'image. Autant donc de modes possibles d'orientation, autant de genres de perceptions et, par conséquent, de facultés nouvelles. Les choses se passent comme si l'entrée du monde invisible était fermée par une porte à multiples serrures, susceptibles de s'ouvrir au moyen d'une seule clef, selon son inclinaison et son degré de rotation. La porte est le cerveau, bloqué par les idées personnelles ; la clef est l'image, qu'on oriente convenablement par des mots concrets appropriés. Le principe, qui permet de faire surgir les facultés supra-normales, est donc très simple et à peu près infaillible. La simplicité est telle qu'on peut s'étonner de ne pas voir les dites facultés plus répandues. La raison en est dans le désordre et la confusion qui président, en général, au fonctionnement de notre intelligence ; nous embrouillons à plaisir le jeu de l'imagination active avec celui de l'imagination passive et le chaos de nos idées ne laisse les vibrations inaccoutumées et les fines vibrations pénétrer dans le champ de notre conscience que fortuitement. Notre cerveau est comme un grenier encombré d'objets disparates qui, par leur mauvaise distribution, masquent la lucarne et empêchent la vue sur le dehors ; ou encore, il est semblable à un garage plein de véhicules qui circulent en tous sens et qui, se gênant mutuellement, ne peuvent gagner la sortie que par l'effet du hasard. Il suffit évidemment de ranger les objets du grenier pour restituer à la lumière son passage, d'arrêter les véhicules du garage momentanément, sauf un, pour laisser le dernier sortir.

L'expérimentation pratique

Nous venons de voir le principe qui sert de base au développement des facultés supra-normales, examinons maintenant en détail les moyens de l'appliquer. Prenons comme sujet une personne de culture et d'évolution moyennes, homme ou femme. Plus elle sera raffinée, meilleurs seront les résultats ; plus elle sera grossière, plus le développement sera difficile. Il suffira, pour arriver au succès, qu'elle ait un peu d'imagination, et surtout qu'elle ne soit pas entièrement absorbée par le terre à terre et les côtés mesquins de la vie, ni uniquement subordonnée à ses intérêts personnels ; il faut encore, bien entendu, qu'elle ne soit ni malade, ni sous le coup d'une émotion violente.

Ceci admis, en premier lieu on fait naître le calme en

elle. Pour cela, on opère dans une pièce demi-claire, avec un assistant tout au plus, et encore ce dernier doit-il se retirer dans le coin le plus éloigné et se garder de projeter ses pensées avec trop d'intensité. On installe confortablement le sujet, on l'invite à masquer ses yeux avec une main pour ne pas être gêné par la lumière ; on l'aide à chasser ses préoccupations du moment au moyen de contre-images, puis on le prie de se dégager de toute pensée d'intérêt et de ne chercher dans la séance qu'une possibilité d'évolution psychique plus haute.

On induit un mot

Dès que le calme est obtenu, on prononce nettement un mot susceptible d'évoquer une image concrète, tel que vase, bouquet, etc., après lui avoir demandé de préciser la sensation éprouvée à l'audition du mot. Trois cas peuvent se présenter : ou bien il ne se produit aucune impression, ou bien il survient une réminiscence, ou bien il surgit une image inconnue.

L'absence d'impression indique nettement que le sujet n'a pas su se débarrasser de ses soucis ou qu'il a une préoccupation inconsciente ; en effet, le mot prononcé est une onde vibratoire qui aurait dû faire naître des vibrations dans le subconscient. Si celui-ci est resté neutre, puisque rien ne s'est produit, c'est qu'il n'y a pas eu pénétration, le sujet s'est muré et le mot a été renvoyé comme une balle par un obstacle. Alors, on fait tomber la préoccupation, soit en prononçant une série de mots différents, ce qui a pour effet de distraire le sujet de la pensée qui l'absorbe, soit, si cela ne suffit pas, en faisant appel au souvenir d'un objet familier : on provoque ainsi une réminiscence et on retombe dans le second cas. Si ce procédé est également impuissant, on a recours à l'imagination créatrice en invitant le sujet à composer une représentation, comme un bouquet, une petite scène ; comme nous avons admis que celui-ci doit avoir un peu d'imagination, l'effet ne peut manquer de se produire. La préoccupation est chassée et la production d'images internes devient possible.

Dans le second cas, qui est le plus général, le mot prononcé a déterminé une réminiscence : on émet alors une série de mots en variant leur sonorité de leur nature. On passe, par exemple, d'un mot signifiant une représentation d'eau, comme un lac, à un autre indicateur de feu, ou de roches, ou d'un objet concret. Au bout d'un temps généralement court, on fait surgir une image inconnue et on tombe dans le troisième cas. Si les réminiscences persistent quand même, cela indique que le sujet se stabilise dans son subconscient, soit en raison d'un état de fatigue, soit parce qu'il conserve encore quelques préoccupations et n'est pas assez passif. Alors, on s'arrête sur la réminiscence la plus complexe et on oblige le sujet à porter son attention sur elle, en lui posant une série de questions sur les détails et les à-côtés de cette réminiscence. Avec un peu de patience, on arrive à faire surgir une image inconnue, ou même une simple impression qui ne rappelle aucun souvenir ; on insiste aussitôt sur cet élément inconnu, de manière à retomber dans le troisième cas. Au besoin, on hâte l'apparition de cette partie inconnue en faisant appel à l'imagination active et en demandant au sujet de compléter la scène ou l'objet par un peu de fantaisie ; on le décroche ainsi de la forme d'esprit dans laquelle il se stabilise.

Le seuil du subconscient

En réalité, la persistance des réminiscences est exceptionnelle ; dans la plupart des cas, la personne, sous l'effet des mots prononcés, retrouve à peine trois ou quatre réminiscences, puis ne constate plus aucune impression. Cette absence d'impression est l'indice, non qu'elle chasse le mot comme au début du travail, mais qu'elle est sur le seuil de son subconscient, et qu'elle va en sortir pour entrer dans la troisième phase, celle des images inconnues. En effet, il suffit de continuer l'émission des mots concrets pour provoquer l'apparition d'images qui ne rappellent aucun souvenir. Par exemple, le mot jardin fait surgir l'image de pelouses et de fleurs dont la disposition donne l'impression d'être totalement inconnue. Or, ceci n'est possible que dans deux cas : ou bien l'image émane d'une source étrangère, et le sujet est sorti de son subconscient ; ou bien la scène qui a provoqué ultérieurement l'image est restée enfouie dans les profondeurs du subconscient. Le sujet se trouve à la limite de celui-ci et est prêt à en sortir. Si cette sortie tarde un peu, on la hâte par l'accrochage, c'est-à-dire qu'ayant fait surgir, par exemple, l'image d'une allée de jardin ou d'une voiture, on invite le sujet à se promener en imagination dans l'allée ou à monter dans la voiture. Cette représen-

tation de mouvement entraîne le déroulement d'une succession d'images panoramiques nécessairement inconnues
et le résultat cherché est obtenu. Cela provient de ce que,
dans l'accrochage, la double représentation intérieure de
l'individu et de la scène évoquée se confondent ; il y a su-
bordination de l'une à l'autre et entraînement fluidique ;
l'expérience montre que l'accrochage peut provoquer le
sommeil somnambulique chez un sujet prédisposé ; aussi
ne doit-il être employé qu'à bon escient et convient-il d'en
surveiller attentivement les effets.

Dans les cas ordinaires, quelques mots suffisent pour
provoquer l'apparition de l'image spontanée, l'opération
durant cinq ou dix minutes à peine. Les mots doivent être
bien articulés, séparés entre eux par l'intervalle de temps
nécessaire au sujet pour analyser ses impressions, sans toutefois lui laisser trop de répit, afin qu'il ne puisse s'égarer
dans ses propres images. Ils sont accompagnés de questions
qu'on multiplie de plus en plus, et qu'on pose sur la nature
de sensations éprouvées, de manière à obliger la personne
à s'analyser aussi subtilement que possible.

Comment doit se comporter l'opérateur

L'opérateur doit être lui-même parfaitement calme et se
dégager de toute idée préconçue, et même du souvenir de
ses propres expériences ; car il faut posséder une entière
liberté d'esprit pour percevoir les particularités inhérentes à
chaque sujet et dont il faut tenir compte dans l'application
pratique du principe qui sert de base au développement

des facultés supra-normales. Certains mots conviennent mieux que d'autres ; certaines inflexions de voix, certains temps hâtent l'apparition de l'image inconnue. En restant neutre et attentif, l'expérimentateur a non seulement l'intuition des mots les plus favorables à dire, mais encore perçoit en quelque sorte l'état psychique du sujet et en déduit des remarques inattendues et fécondes. L'opérateur qui se montre nerveux, qui manque de patience ou conserve des arrière-pensées, crée un courant nuisible qui fausse les résultats et peut conduire l'expérience à un échec certain.

Se dégager de l'influence de son subconscient

L'apparition de l'image inconnue indique que la personne commence à travailler en circuit ouvert, autrement dit qu'elle est en mesure de projeter hors d'elle-même, directement, le flocon fluidique qui constitue l'image, de se dégager de l'influence de son subconscient et d'être sensible à des vibrations émanées de sources extérieures. On obtient ce dégagement définitif par concentration sur la dernière image provoquée ; à cet effet, on questionne le sujet, en tous détails, sur les caractéristiques de ce qu'il a vu ou entendu ; autrement dit, s'il s'agit d'une perception visuelle, on lui demande de décrire la forme des objets représentés, leur couleur, leur situation respective, leur ambiance, le sens de la scène ; bref on lui fait examiner toutes les nuances, comme si on voulait se rendre compte aussi exactement que possible de la perception. En réalité, ce procédé l'oblige à nourrir l'image de son propre fluide, ou, si l'on préfère, intensifier sa vibration. L'image envahit alors le champ de la conscience, s'éloigne du subconscient, poussée en quelque sorte par les questions de l'opérateur, et réveille sur son passage des vibrations nouvelles qu'elle transmet à la conscience et qui se traduisent sous forme de sensations ou de scènes inconnues. Toutefois, cette concentration n'est possible que si l'image se maintient dans le champ de la conscience. Or, au début et chez certaines personnes, elle surgit comme un éclair et disparaît en ne laissant qu'un souvenir fugitif. On apprend au sujet à la fixer par le même procédé que pour la concentration, c'est-à-dire qu'on l'invite à se rappeler l'image, puis on demande de la préciser, et au besoin de compléter d'elle-même les détails manquants, en notant l'impression rapide qui la traverse à chaque question. Par exemple, si l'image a été celle d'une voiture dont elle ne distinguait pas l'attelage, on lui dit : avez-vous la sensation qu'elle comporte un ou deux chevaux ? Quelle est leur couleur à votre idée ? On change l'image dès qu'on sent l'effort, et, au bout d'un temps très court, on obtient le degré de fixité qu'on désire ; le cas contraire prouverait que le sujet est en proie à des préoccupations qu'il faudrait chasser.

Le monde qui entoure le subconscient étant illimité, l'image projetée par concentration voguerait au hasard, si on ne prenait soin de l'orienter ; or, c'est précisément la nature de cette orientation qui, comme nous l'avons déjà dit, va déterminer telle ou telle faculté supra-normale. Le processus qui vient d'être indiqué constitue la première phase du développement ; celui de l'orientation forme la seconde phase. La première est commune à toutes les facultés, nous n'aurons plus à y revenir. La seconde varie, au contraire, avec chacune d'elles et nous allons l'indiquer pour chaque cas.

La voyance

Prenons pour commencer, la plus simple des facultés supra-normales, à savoir la voyance directe ou double vue. On sait qu'elle consiste dans la vision en pleine conscience d'un lieu ou d'une scène éloignée que le sujet ne connaît pas, ou encore dans une lecture de pensée, ou dans la perception du caractère et des intentions d'une personne inconnue et hors du champ visuel ou auditif. Par exemple, dans un cas observé, un jeune homme habitant la France prend une lettre de sa sœur qui demeure en Russie, et au contact de l'enveloppe décrit l'appartement occupé par cette dernière et qu'il n'a jamais vu. Sa mère qui est présente, et qui connaît la demeure, trouve la description exacte, exception faite pour une tapisserie, mais la lettre suivante de la sœur annonce un changement dans la tapisserie qui confirme la vision du jeune homme. Autre exemple : je demande à un sujet de me décrire le physique et le caractère de personnes qui doivent m'être présentées et que ni lui ni moi ne connaissons. Il m'en donne une description que la vue ultérieure des personnes confirme pleinement.

Comment provoquer le phénomène

Pour faire naître la faculté de la double vue, il suffit, en principe, d'établir une association entre l'image, point de départ, et le lieu ou la personne qu'on désire faire voir. Pour cela, on évoque dans le cerveau du sujet toutes les transitions nécessaires, de manière à lui donner un fil conducteur. Par exemple, si je lui demande de visiter le bureau de M. X., qu'il ne connaît pas, mais que je connais, je lui dis de penser à moi, puis à M. X. par mon intermédiaire, ensuite à la maison de X., enfin à son bureau. Comme le sujet n'est plus dans son subconscient, en vertu des opérations préliminaires, la pensée de ma propre image le conduit à percevoir, non les associations qui sont dans son souvenir, mais celles qui me sont personnelles, et entre autres celles de X. que je lui ai suggérées. Il entre ainsi dans mon ambiance, passe ensuite dans celle de X., de là dans celle de la maison et finalement prend notion du local qui lui est indiqué ; les détails du bureau surgissent alors spontanément et il n'a que l'embarras du choix pour les décrire. Cette opération est plus facile qu'on ne le pense. Lorsque la personne est douée pour la voyance, cas fréquent pour la femme, le phénomène de double vue se manifeste presque immédiatement ; il arrive même que les images spontanées et inconnues évoquées par les premiers mots de l'opérateur, dans la phase du début, correspondent à des lieux ou des scènes réelles, totalement ignorés du sujet. Le mot château, par exemple, fait surgir l'image d'un château existant réellement en France ou ailleurs, que le hasard des courants a relié au cerveau du sujet, et on vérifie par la suite que l'image est conforme à la réalité, ou que la scène s'accomplissait effectivement au moment de la vision. Lorsque, au contraire, la personne est difficile à entraîner, on opère sur un champ plus restreint que celui que j'ai indiqué d'abord ; on multiplie les transitions et les associations de détail. On commence à lui faire visiter un lieu familier et proche, comme une pièce voisine de celle où elle se tient, puis un local moins connu et ainsi de suite. Cette méthode progressive réussit toujours, pourvu que le sujet et l'expérimentateur aient la patience voulue ; ce n'est qu'une question de transition.

Que faire en cas de difficultés ?

On peut néanmoins se heurter à deux grosses difficultés. D'abord lorsque le sujet, au lieu de se laisser conduire passivement, fait un retour sur lui-même. Il rentre alors dans son subconscient et ne trouve plus comme association que ses propres images, le fil conducteur est coupé. Cela arrive lorsque l'opérateur manque de calme et de précision et que la personne est vive, susceptible ou nerveuse, ou encore lorsqu'un des assistants pose une question impromptue, ou que des bruits dans l'entourage détournent l'attention ; surtout enfin lorsque le sujet raisonne l'opération et doute de son efficacité, soit par manque de confiance en lui-même, soit par l'effet de ses lectures. Dans ce dernier cas, imprégné des idées courantes sur le psychisme, idées plus ou moins justes, il commente ses impressions, les critique et veut les expliquer par les hypothèses qu'il connaît. Naturellement il travaille en circuit fermé, et tout est à recommencer. On remédie à cette difficulté en arrêtant l'expérience et en insistant auprès de la personne pour qu'elle reste aussi passive que possible, et comme elle doute le plus souvent de la réalité de ses impressions subjectives, on s'efforce de lui faire bien comprendre que le point de départ à l'entraînement aux facultés supra-normales étant obligatoirement pris sur elle-même, les premiers phénomènes supra-normaux sont imprégnés de souvenirs et mêlés aux phénomènes normaux de l'imagination.

Le retour au subconscient se produit encore lorsqu'une préoccupation plus ou moins consciente traverse la personne, mais ceci est la conséquence d'un manque d'attention de l'opérateur, qui a laissé trop d'intervalle entre deux questions ; le sujet abandonné à lui-même a été repris par ses propres influences. On le ramène à l'état neutre par des contre-images, mais le mieux est de veiller sur soi-même et d'éviter toute distraction, car une continuité suffisante ne laisse pas de place aux préoccupations.

Comment rectifier lorsque le sujet fait fausse route

La seconde difficulté provient de la facilité avec laquelle le sujet peut s'égarer lorsqu'il est dégagé de son subconscient. Le lien qui lie sa pensée aux images du lieu qu'on veut lui faire examiner est ténu et subtil ; des courants contraires engendrés par l'ambiance ou par des centres énergétiques de conscience insoupçonnée peuvent le briser ou le détourner ; d'autre part, chaque image s'associe à une infinité d'autres images qui possèdent, chacune à leur tour, une infinité d'associations. La personne peut être entraînée hors de la voie qu'on lui suggère et avoir une vision erronée. Par exemple, elle verra dans une maison un escalier qui n'existe plus, ou qu'on a projeté sans l'exécuter ; elle observera des images et des scènes parasites qui se mêleront à la réalité. On évite cet inconvénient en observant attentivement les réponses et en les comparant avec celles que les précédentes expériences de double vue ont permis de contrôler, de manière à se rendre compte de l'instant où le sujet fait fausse route et à pouvoir le rectifier. En outre, on prend soin de s'exprimer clairement, nettement, et d'évoquer des associations logiques. Nous verrons d'ailleurs un peu plus loin, à propos de l'exploration des mondes invisibles, un procédé qui permet d'obtenir une vision de double vue exacte.

On sait que certaines personnes obtiennent des phénomènes de double vue en endormant le sujet par des passes magnétiques et en lui mettant dans les mains, comme fil conducteur, un objet provenant du lieu qu'on veut lui faire voir. Le sommeil lucide rentre dans les phénomènes psychiques et permet également de faire apparaître certaines facultés supra-normales, mais il est inférieur au procédé exposé dans cette étude, c'est pourquoi je le passe sous silence, préférant présenter une méthode inconnue et beaucoup plus féconde. Le sommeil lucide à, en effet, l'inconvénient de fatiguer rapidement le sujet, de l'orienter dans des courants inférieurs et de ne pas le laisser agir en pleine conscience, si bien qu'au réveil il ne se souvient pas de ses visions. De plus, pour répondre aux questions qu'on lui pose, il est obligé, la plupart du temps, de traverser des courants complexes et souvent pénibles qui égarent et le rendent très difficile à diriger. Cette direction ne peut d'ailleurs s'obtenir, dans un certain nombre de cas, que par un contact matériel, par exemple par le toucher d'un objet ayant appartenu à la personne qu'on veut lui faire voir; ce moyen inférieur et dépourvu de contrôle dans ses effets est inutile avec la méthode que j'expose. Ajoutons enfin que celle-ci permet, si l'on veut, de pousser le sujet jusqu'au sommeil; il suffit d'accentuer la concentration de pensée et d'augmenter ce que j'ai appelé l'accrochage : les images deviennent, dans ce cas, assez puissantes pour entraîner le sujet et le conduire à cette sorte d'extériorisation qu'on appelle le sommeil somnambulique; de cette manière, on évite les passes magnétiques, on ne prive pas le sujet de sa conscience et on garde toute facilité pour le réveiller.

Entraînement à la lecture de la pensée

Le procédé qui vient d'être indiqué concerne l'entraînement à la double vue des localités ; il est de même pour la lecture de la pensée et la perception des caractères. Il consiste à établir les associations nécessaires entre l'image de départ et la personne à étudier. Lorsque le sujet est convenablement entraîné, l'association se réduit à la simple prononciation du nom de celui qu'il doit visiter, même quand on ne le connaît pas et qu'on ne l'a jamais vu. Le nom fait immédiatement surgir l'aspect de la personne et en permet une description physique très exacte ; le sujet passe ensuite à l'examen moral et peut faire une peinture du caractère et des tendances aussi complète qu'on le désire. Le degré de précision des réponses dépend uniquement de sa culture littéraire. J'ai constaté maints cas où la personnalité était décrite avec une justesse supérieure à ce qu'en pouvaient dire ses intimes. Le fait qu'il suffit de prononcer simplement le nom d'une personne pour provoquer une peinture aussi approfondie qu'on le veut de sa nature, suscite un véritable étonnement chez ceux qui assistent aux manifestations de la double vue et provoque l'incrédulité chez les autres. On peut s'expliquer aisément la chose en se rappelant que le cerveau fonctionne comme un appareil de télégraphie sans fil et, de ce fait, peut s'accorder avec tel ou tel centre d'émission et de réception.

L'individualité qu'il s'agit d'examiner est un centre d'émission et de réception ; son nom constitue le mot qui présente le plus d'associations possibles dans son subconscient et qui met en jeu le plus d'images ; sa prononciation détermine une onde vibratoire qui réveille par affinité ses propres vibrations et engendre un courant qui le relie au sujet. La vitesse de propagation de ces ondes étant telle que la distance ne compte pas, tout se passe comme si le sujet était contre lui et dans son aura.

L'entraînement des autres sens

Nous n'avons fait allusion qu'aux images visuelles, mais la faculté s'étend aux autres sens ; le sujet peut aussi bien percevoir les sons, les odeurs, les paroles éloignées. L'entraînement se fait de même, mais avec un peu plus de difficulté ; on porte l'attention sur les images auditives ou olfactives au lieu de le faire sur des images visuelles. Certains sujets ne peuvent séparer l'impression auditive de l'impression visuelle. Dans des séances de double vue faites pendant la guerre, le sujet voyait le combat et en même temps entendait le bruit du canon, le cri de colère ou de triomphe des hommes, le roulement des voitures.

La double vue est la faculté la plus facile à obtenir et la moins intéressante, comparativement aux autres. Elle peut servir les intérêts pratiques, mais nullement la connaissance, car elle n'apporte aucun élément qu'on ne puisse obtenir par d'autres voies. Son principal avantage est de démontrer avec évidence l'existence des facultés supra-normales. Le sceptique qui vérifie la réalité d'une scène décrite par la voyante et qui s'accomplit au moment même de la vision à mille lieues de distance, cesse obligatoirement d'être incrédule.

Rétrospection et prémonition

Envisageons maintenant le développement d'une autre faculté supra-normale, celle de la vision rétrospective ou prémonitoire. Dans ce cas, le sujet décrit des événements qui se sont accomplis dans un passé lointain ou dépeint des scènes qui se réaliseront dans le futur. En voici un exemple : je demande à une des voyantes qui travaillent avec moi d'envisager dans le passé et l'avenir les moyens de communication auditive à distance, qui se traduisent actuellement par le téléphone. Pour le passé, elle a la vision lointaine des nègres s'orientant d'abord d'après le soleil, puis se couchant sur le sol et entendant des sons transmis par les courants magnétiques de la terre ; elle ajoute que c'est ainsi que certains peuples sauvages actuels ont pu communiquer des messages à grande distance avec une rapidité demeurée inconcevable pour les Européens. Pour l'avenir, elle voit que les hommes converseront à distance en utilisant un appareil, grand comme une montre, fonctionnant au moyen d'ondes analogues aux ondes hertziennes et leur permettant de causer avec leurs amis, même en se promenant dans la rue. Il leur suffit d'amener une aiguille sur le chiffre correspondant à l'ami, et d'attendre en conservant l'appareil dans la main. L'ami entend le bruit d'un clapet produit par son appareil similaire, saisit celui-ci et les vibrations se transmettant par les courants nerveux du bras, tous deux peuvent causer, comme s'ils marchaient côte à côte, sans avoir besoin de porter l'instrument près de l'oreille ou de la bouche. La voyante annonce d'ailleurs qu'une série d'appareils moins parfaits sera inventée au préalable. Je lui demande ensuite de se reporter, non dans quelques siècles, mais dans quelques milliers d'années. L'appareil qu'elle vient de décrire lui apparaît alors comme très grossier et abandonné depuis longtemps ; les hommes n'ont plus besoin d'instruments pour converser au loin ; leur équilibre psychique est devenu tel qu'ils peuvent échanger leurs pensées à distance par la simple volonté ; ils réalisent tous normalement la faculté de la clairvoyance et de la clairaudience. Toutes ces descriptions ne sont évidemment pas contrôlables en raison de l'intervalle de temps envisagé, mais la voyante dépeint aussi bien des événements rapprochés dont on peut vérifier la réalisation. La guerre de 1914 me fut ainsi annoncée par avance avec son allure générale et quelques-unes de ses phases : par exemple, l'attaque du Chemin des Dames, qui eut lieu fin mai 1918, me fut pronostiquée en janvier avec l'indication qu'il y aurait rupture du front, angoisse générale, arrêt de l'ennemi à temps, et qu'ensuite le Généralissime abattrait toutes ses cartes et, du coup, forcerait les Allemands à la retraite, à l'époque des premières flambées.

Les visions du passé et celles de l'avenir sont-elles différentes ?

Il y a cependant une différence essentielle entre les visions du passé et celles de l'avenir. Les premières sont les plus faciles à obtenir, parce qu'elles concernent des événements réalisés, dont les images composantes sont, par conséquent, associées définitivement. Les secondes exigent un effort de combinaison et n'apparaissent que comme des possibilités ou des tendances ; elles ne diffèrent pas des autres images par la netteté visuelle, qui ne dépend que du rétrécissement plus ou moins grand de la conscience, mais par la manière dont se fait la résultante des courants, qui par leur convergence provoquent l'apparition de la scène à venir. Le sujet perçoit, en effet, dans l'ambiance de toute personne un amas d'images flottantes, qui impliquent différentes possibilités d'événements futurs selon leur situation respective et dont les combinaisons finales dépendent d'influences multiples. C'est pourquoi le sujet, dans la prémonition, est obligé d'établir une sorte de jugement instantané pour fixer l'association probable des éléments qui rentrent dans la question posée ; il opère comme pour les jugements ordinaires, avec cette différence qu'il possède des moyens d'appréciation plus subtils et plus profonds que ceux dont nous disposons dans la vie courante. Dans certains cas, le travail d'appréciation lui est évité, et il n'a qu'à regarder ; l'image de la scène future se présente d'elle-même dans le champ de la vision interne ; cela se produit lorsque l'événement à venir est nettement écrit dans le mental de ceux qui vont le réaliser, ou lorsqu'il est une forme pensée émanée de centres de conscience qui ont déjà fait le travail de combinaison, ou enfin lorsqu'il a un caractère de fatalité. Mais, en général, les voyantes ne considèrent jamais l'avenir comme rigoureusement déterminé ; c'est pourquoi les prémonitions comportent souvent des erreurs et doivent toujours être envisagées comme de simples probabilités. Ainsi les pronostics qui m'ont été faits sur la guerre ne se sont pas tous réalisés ; par exemple, plusieurs voyantes n'ont pas eu conscience de la révolution russe et voyaient la fin de la guerre déterminée par les armées russes ; leurs combinaisons s'étaient faites avec des éléments incomplets.

Entraînement à la rétrospection et à la prémonition

Le développement de la vision rétrospective ou prémonitoire commence, comme nous l'avons expliqué, par l'évocation d'images concrètes et par leur concentration successive, de manière à dégager le sujet de son subconscient. Lorsque cette phrase de début est terminée, au lieu de faire dériver l'image dans une direction déterminée par une série d'associations suivant le procédé indiqué pour la double vue, on la maintient, au contraire, dans le champ de la conscience ; puis on invite le sujet à l'envisager avec un effort de mémoire, comme on fait dans la pratique du souvenir ; ou encore à la considérer avec un effet de recul. On fait ainsi surgir, non plus les associations du présent, comme dans le cas de la double vue, mais celles du passé. En effet, la concentration de pensée maintenue sur l'image fixe celle-ci comme pivot, et la pensée du souvenir réveille toutes les associations antérieures. Celles- ci se présentent dans leur ordre successif, mais la successivité est une opération du temps, il y a un effet de perspective temporale et, par conséquent, vision du passé ; l'époque se trouve déterminée par la façon dont on fixe le point de vue. On facilite le travail mental du sujet en commençant par l'image d'un objet familier sur lequel on pose une série de questions, jusqu'à ce que le sujet arrive à la limite de ses souvenirs ; à partir de ce moment, on le pousse encore, et d'une manière analogue, mais en lui demandant d'être aussi passif que possible et de saisir au passage toutes les impressions, si fugitives qu'elles soient, que suscitent les demandes.

Comment pratiquer

Au besoin on l'aide par quelques questions sur le passé présumé de l'objet, en prenant soin de ne jamais le laisser chercher par lui-même et de faire acte d'imagination active, car l'image réponse doit apparaître dans le champ de sa conscience spontanément et sans peine. On arrive toujours au résultat voulu, et beaucoup plus facilement qu'on ne le pense, pourvu qu'on fasse passer le sujet par les transitions nécessaires. Supposons, par exemple, que le sujet soit une musicienne ; on concentre sa pensée sur son piano, on lui en fait rappeler l'historique plus ou moins rapidement, puis par entraînement on l'invite à se représenter son piano avec une pensée d'origine. Cela fait surgir une idée de construction dans son cerveau et, comme elle est hors de son subconscient, elle perçoit des impressions, qui sont provoquées par le réveil des images du passé et qui lui permettent de relater ce qui s'est passé à la construction. Une personne qui travaillait avec moi ce genre de faculté pour la première fois, vit de cette manière, et de suite, surgir deux auras qu'elle reconnut pour être celles des ouvriers qui avaient fait le piano : le menuisier et le poseur de cordes. Cela lui permit de dépeindre leur caractère. Elle aurait détaillé aussi facilement les circonstances du milieu dans lequel s'était faite la construction du piano, si j'avais insisté.

Quelques particularités de la prémonition

La vision du futur s'obtient de même, avec cette différence qu'on invite le sujet à regarder l'objet, non plus avec un effet de recul, mais avec la pensée d'une avance dans le temps. Le sujet pressent les images en formation, les combine instinctivement et voit leur résultante. Cette résultante constitue une prémonition dont la possibilité de réalisation dépend de la manière dont elle s'est faite. En principe, les images se combinent entre elles en raison de leurs intensités, de leurs affinités et de leur contraste respectifs, et non par ordre de succession ; le temps n'apparaît pas et c'est pourquoi il est difficile aux voyants de prédire la date d'un événement ; la successivité qui permettait de préciser les époques dans les visions du passé n'existe pas pour le futur, puisque l'événement peut être retardé ou avancé par les volontés et ne se situe que d'une manière incertaine dans le temps. La combinaison des images dépend encore de leur nombre, de leur importance réciproque, de la facilité avec laquelle ses éléments caractéristiques peuvent être appréciés, du caractère de l'événement futur. Il faut donc un certain degré d'entraînement pour établir une prémonition compliquée. Il est évident qu'une personne, au début, ne peut embrasser qu'un nombre d'images restreint et que la probabilité de voir sa prémonition réalisée est très faible. On aide le sujet en l'exerçant à grouper les images, en dirigeant son attention sur les à-côtés de la question et en le ramenant sur celle-ci par des points de vue différents, de manière à lui faire trouver des contrôles par lui-même. La manière de guider le sujet joue un rôle prépondérant dans la valeur de la prémonition.

Peut-on communiquer avec d'autres mondes ?

Nous allons maintenant aborder le développement de la faculté supra-normale qui permet l'exploration des mondes invisibles. On réalise la phase du début, puis au lieu de diriger le sujet au moyen d'associations successives, on le laisse s'orienter de lui-même en l'invitant à tourner autour de l'image, ou à laisser celle-ci fermenter en quelque sorte dans sa pensée, puis à chercher parmi les impressions fugitives et plus ou moins faibles, qui traversent sa conscience, celle qui lui semble ou la plus curieuse, ou la plus étrange, ou la plus remarquable. On lui fait préciser sa vision en lui demandant tous les éclaircissements nécessaires aussi bien sur la scène elle-même que sur ce qui peut se rapporter à elle. On voit alors surgir des visions inaccoutumées, de plus en plus curieuses et accompagnées de sensations inconnues dans l'état ordinaire.

Les précautions à prendre

Il importe alors de prendre un certain nombre de précautions. En premier lieu, il faut observer les réponses sans idées préconçues. Nous sommes tous imprégnés des phénomènes, des scènes, des paysages et des lois de notre monde ; aussi concevons-nous difficilement ce que nous n'avons jamais vu ni ressenti, et sommes-nous tentés de rejeter les descriptions que nous donne le sujet au lieu de les approfondir. La voyante elle-même est souvent si surprise de sa vision qu'elle n'ose pas la dépeindre. Invariablement, il faut, dans les premières séances, insister pour que le sujet décrive ce qu'il perçoit, car les choses qu'il voit, les spectacles auxquels il assiste lui semblent bizarres ou inconcevables ou incohérents ; il est dans la situation d'un habitant d'une autre planète qui tomberait au milieu de nous et qui serait vraisemblablement ahuri en observant nos objets familiers, nos costumes, nos mœurs ; il les trouverait probablement absurdes tant qu'il n'en aurait pas compris les liens logiques. Il faut poursuivre l'étude de ce genre de vision pour apercevoir la raison d'être de ce qui, au début, paraissait n'être qu'une fantaisie imaginative, et entrevoir tout un monde de lois nouvelles et de vies insoupçonnées. Il est donc indispensable de rester neutre et de ne pas s'étonner en écoutant le sujet, afin d'être en mesure d'assimiler les spectacles décrits, de les rapprocher entre eux et d'établir les comparaisons qui permettent de les relier et de les comprendre.

Comment orienter le sujet avec succès

Cette première précaution observée, il faut se soumettre à une nouvelle obligation, non moins indispensable, qui consiste à maintenir le sujet dans l'ambiance de la vision, à éviter les interrogations décousues et surtout à ne pas sauter d'une question à une autre sans préparation. Il faut toujours intercaler un état de repos entre deux demandes différentes. Par exemple, si le sujet décrit un espace peu-

plé d'êtres divers et composé d'étendues formées de colo-
rations spéciales, on envisage un élément de la scène sur
lequel on fait donner tous les éclaircissements utiles, puis
on passe à l'élément suivant, sans brusquerie et ainsi de
suite, de proche en proche, jusqu'à ce qu'on juge bon de
changer la nature de la demande. On prévient alors le sujet de quitter sa vision et de se reposer, et on attend que
lui-même ait indiqué qu'il s'est préparé au changement.
Cette opération finit par se faire très rapidement ; le repos
avec l'habitude ne dure que quelques secondes, mais il est
indispensable ; autrement il en résulterait pour le sujet une
fatigue croissante et des confusions qui ne tarderaient pas
à le décourager. On comprend aisément qu'un appareil
électrique ultra-sensible ne pourrait recevoir différentes
communications sans désordre, s'il n'était accordé avec
chacune d'elles après chaque changement, de manière à
différencier et à séparer les ondes reçues. Il en est de même
pour la psyché humaine ; malheureusement la plupart de
ceux qui interrogent une voyante, ignorent cette règle et
questionnent au hasard de leurs impressions : c'est une des
raisons pour lesquelles ils ont souvent des résultats décou-
sus et contradictoires.

En laissant le sujet s'orienter de lui-même et en prenant
les précautions qui viennent d'être indiquées, on obtient
non seulement des visions curieuses et inédites, mais encore des visions de qualités différentes. On sait qu'indé-
pendamment de la représentation qu'elle fait surgir dans
l'esprit, l'image donne une impression qualificative ; elle
paraît lourde et grossière, ou ténue et subtile ; et est par

elle-même agréable ou désagréable, esthétique ou laide et présente toutes les nuances possibles entre ces deux caractéristiques extrêmes. L'image d'un parterre de fleurs peut donner une sensation d'opacité ou de fluidité, de couleurs matérielles ou de lumières colorées infiniment douces, de vulgarité ou d'harmonie. En parcourant la gamme ascendante de ces impressions, le sujet a le sentiment de traverser les plans successifs formés de matières de moins en moins denses, et de sentir des vibrations de plus en plus harmonieuses en montant vers une lumière toujours plus admirable. Cette particularité des images donne lieu à une nouvelle possibilité d'erreur dans les réponses et à une nouvelle difficulté pour l'expérimentateur. En effet, l'image évoquée par le mot prononcé prend, suivant les circonstances et selon la disposition du sujet, un certain degré de qualité qui a pour effet de situer ce dernier dans le plan correspondant. La vision qui se développe ensuite constitue, en général, un élément d'exploration du plan, mais il peut arriver que, par l'effet des questions ou de son état psychique, le sujet change inconsciemment de plan ; comme les modalités de deux plans distincts sont différentes, il se produit une perturbation dans le jeu des images, la vision devient erronée, et les indications données sont trompeuses. On s'en aperçoit par une certaine discordance qui se manifeste dans l'association des images et par la qualité comparative des impressions ressenties.

Le double jeu de la descente et de la montée

On remédie à cet inconvénient en apprenant au sujet à « monter ou descendre », de manière à pouvoir le ramener dans un plan déterminé. On obtient l'état psychique de montée par la représentation imaginative d'une ascension réelle. On évoque l'image d'une échelle, d'un escalier ou d'un char volant, puis on incite le sujet à se placer en imagination sur l'un de ces objets et à s'élancer par ce moyen dans l'espace. La représentation de la montée détermine un sentiment intérieur d'élévation véritable qui se caractérise par un changement complet dans la nature des visions. Si le sujet est déjà entraîné au développement d'une des facultés supra-normales, on lui demande simplement de se concentrer, puis de s'alléger, auquel cas il a le même sentiment d'ascension et de transformation de sensation, avec cette différence que l'opération est beaucoup plus rapide. L'état psychique de descente s'obtient de même. Le double jeu de la descente et de la montée permet de ramener un sujet dans le plan qu'il a quitté incidemment, mais comme l'opération est difficile, à cause des oscillations, et nécessite beaucoup d'expérience et d'habileté, il est préférable d'éviter la fugue du sujet hors de son plan d'études. On y parvient en l'observant attentivement, ou, autrement dit, en restant en pensée avec lui. Comme toute pensée provoque l'émission d'un amas fluidique, en opérant de cette manière, on détermine un courant sur lequel le sujet prend appui pour observer ses images et les retenir. L'expérimentateur constate, en effet, que toute distraction de sa part est accompagnée d'un fléchissement dans la vision, ou d'une variation anormale dans la contexture des images, et en général, d'une descente dans un plan inférieur.

L'entraînement du sujet à monter ou à descendre, en d'autres termes à être sensible au degré de subtilité et d'harmonie des vibrations, ne permet pas seulement de le fixer dans le même plan, mais encore lui donne le moyen de faire une exploration aussi étendue que le permet son état d'évolution, car la hauteur d'ascension dépend du degré d'évolution. De plus, il facilite l'exercice de la double vue et de la vision dans le temps. Dans la double vue obtenue par opération directe, c'est-à-dire par le procédé que nous avons indiqué, l'abondance des associations, qui se font autour d'une image, peut entraîner des confusions dans les courants engendrés par les images en affinité et, par là, égarer le sujet. Aussi est-il préférable de faire monter au préalable le sujet dans un plan harmonieux, au lieu de le diriger dans le plan inférieur des visions matérielles. Dès que cette opération est réalisée, on attend qu'il s'y soit stabilisé, puis on lui indique le lieu ou la personne qu'on désire lui faire étudier. Chaque image ayant sa correspondance dans tous les plans, celles qui sont corrélatives au lieu ou à la personne ont leur représentation dans le plan supérieur où le sujet s'est situé, mais avec une sorte de transposition d'ordre esthétique ou métaphysique. Par l'effet de la question, le sujet s'oriente sur cette représentation, mais sans erreur, à cause de l'harmonie du plan, puis, par l'opération de descente, fait instantanément la transposition inférieure, c'est-à-dire qu'il se trouve du coup dans le plan des visions matérielles et en contact dans ce plan avec les images adéquates au lieu ou à la personne. Il opère ainsi comme un voyageur qui, pour atteindre un certain lieu dans une vallée difficilement accessible, monte d'abord sur le sommet de la montagne avoisinante. De là, il embrasse tous les détails de la vallée, repère le point qu'il a choisi et descend directement dessus, évitant ainsi de contourner le bas de la montagne et de traverser les marécages, les haies, les fondrières et autres obstacles qui, masquant sa vue, lui font perdre le sens de sa direction et peuvent l'égarer. C'est pourquoi le sujet conduit de cette manière peut réaliser une voyance précise et digne de confiance. L'opération est plus longue que par la méthode directe, mais elle donne des résultats certains.

Contacter des extra-terrestres

L'exploration de l'invisible nous montre l'existence de mondes en nombre indéfini, peuplés d'une innombrable variété d'êtres, ou centres énergétiques conscients. Certains de ces êtres entrent en communication avec le sujet par la pensée, l'éclairent et le guident dans son exploration, mais d'autres, au contraire, cherchent à le tromper ou à l'égarer. Cela dépend de la nature de ces êtres, de la qualité du milieu dans lequel le sujet s'est élevé, du but poursuivi par le sujet et de son état psychique. Aussi est-il nécessaire dans ces explorations de prendre garde à l'influence toujours difficile à démêler que ces centres conscients peuvent exercer sur les visions.

Le contrôle direct des descriptions faites par les sujets, facile dans le cas de double vue, n'est pas toujours possible par les visions rétrospectives ou prémonitoires, et devient inexécutable dans l'exploration du monde invisible. On peut alors se demander ce que valent les descriptions de la voyante et, en supposant même qu'elles comportent une part de vérité, comment on peut distinguer le vrai du faux et reconnaître le rôle de son imagination propre, c'est-à-dire de l'emploi qu'elle peut faire de son subconscient. Cette objection a arrêté beaucoup de chercheurs ; elle est cependant plus apparente que réelle et provient de ce que nous connaissons très mal le fonctionnement de l'imagination. Il y a tout intérêt à ne pas s'y arrêter : en effet, si on évite que le sujet ne travaille en imagination active, ce qui se fait aisément avec un peu d'expérience, on obtient des images spontanées qui proviennent, soit d'une source inconnue, et, dans ce cas, elles sont toujours intéressantes à creuser, soit du jeu instinctif du subconscient comme dans le rêve. Mais là encore il y a matière à observation, car on se trouve dans des conditions qui permettent de guider le rêve, par conséquent de l'expérimenter et de déterminer ses lois, ce qui n'a pu être entrepris que très difficilement jusqu'ici. Il y a donc toujours intérêt à étudier le monde des images inconnues qui surgissent dans la voyance, non seulement parce qu'il peut en résulter la connaissance de lois nouvelles, mais encore parce que le sujet perçoit des impressions étranges et éprouve des émotions parfois très belles et très puissantes qui valent la peine de leur recherche.

Faire des recoupements

Cet intérêt devient encore plus évident si l'on considère qu'en employant la méthode des recoupements on peut savoir quelle garantie il convient d'accorder aux visions non contrôlables directement. On sait qu'en topographie on détermine la position d'un point inaccessible en dirigeant sur lui plusieurs visées faites sur une base bien déterminée. La première visée donne sur le dessin une ligne qui passe par le point, mais ne le situe pas ; les autres visées déterminent une série de lignes qui passent également par le point et celui-ci étant nécessairement sur toutes les lignes, se trouve sur leurs points d'intersection et est exactement fixé en position par le centre de la petite figure géométrique formée par ces points d'intersection. Eh bien, nous allons procéder d'une manière analogue pour les visions inaccessibles à notre contrôle direct :

1. Nous considérerons en premier lieu comme fait positif les mots prononcés par la voyante, sans nous occuper de leur sens plus ou moins singulier ; ce sera la base de notre système.

2. En second lieu, nous orienterons plusieurs voyantes sur le même genre d'images, étant entendu que chacune d'elles ignorera ce que les autres ont pu dire.

3. En troisième lieu, nous changerons les opérateurs pour éviter toute lecture de pensée.

4. En quatrième lieu, nous comparerons les résultats

obtenus et nous ne conserverons que les résidus, c'est-à-dire les descriptions similaires.

5. En cinquième lieu, nous examinerons le degré de concordance de ces résidus entre eux et leur degré de compatibilité avec les expériences faites par d'autres opérateurs, non seulement dans le présent, mais encore dans le passé.

En résumé, nous étudierons le même groupe d'images en changeant les voyantes et les expérimentateurs, de manière à éliminer leur influence personnelle, et nous ne retiendrons que les résultats identiques. Ces résultats, par le fait qu'ils sont indépendants des observateurs, logiques et en concordance avec ceux que donnent les études similaires, doivent évidemment correspondre à une réalité, car nous ne pouvons savoir qu'un objet est hors de nous et non une illusion de nos sens, que lorsque sa perception est commune à tous.

La patience est nécessaire

Cette méthode des recoupements a donc un caractère nettement scientifique et nous permet de reconnaître ce qu'il faut retenir dans l'exploration du monde invisible. Elle est longue et demande de la patience ; plusieurs années d'intervalle sont quelquefois nécessaires pour retrouver des visions comparables, mais elle permet tôt ou tard de déterminer finalement ce qu'il faut rejeter ou conserver. Elle indique qu'une vision isolée n'a qu'une faible importance et ne prend de valeur que par sa concordance avec d'autres images. Les visions sont semblables aux pièces d'un immense jeu de patience qui ne présentent aucune signification lorsqu'elles sont prises à part et ne prennent de sens que par leur ajustement.

Interpréter les symboles

L'opération de montée ou de descente permet de donner à la voyante nouvelle une faculté, celle du sens des symboles, c'est-à-dire le don de les former ou de les interpréter. Nous avons dit qu'une image reparaît dans les plans successifs avec une sorte de transposition qui la fait passer progressivement d'une représentation objective à une idée métaphysique. Par exemple, un fauteuil sert au repos et en évoque la notion ; inversement la pensée d'un repos confortable concrétisé suggère l'image d'un fauteuil ; selon le plan envisagé, il y aura l'idée de repos ou la forme matérielle de ce repos. Cette corrélation du propre au figuré constitue la base des métaphores et des ouvrages symboliques. Ces ouvrages, reposant sur des conceptions trop subtiles ou trop profondes pour être accessibles à la masse, expriment ces conceptions sous une forme concrète, corrélative d'une série d'idées abstraites. C'est ainsi que l'humanité possède en dépôt un certain nombre d'œuvres qui semblent en apparence ne décrire que des faits appartenant à la vie courante et qui, en réalité, cachent un symbolisme profond destiné à l'éclairer et à la guider. L'interprétation qui en est difficile en l'état ordinaire de nos pensées devient aisée par la voyance. On obtient cette faculté tout simplement en invitant le sujet à se représenter l'image symbolique, puis à descendre progressivement : il perçoit alors le sens du symbole par dégradations successives. Inversement, en faisant monter le sujet, on obtient des réponses sous forme imagée : certains d'entre eux possèdent cette faculté à un degré tel qu'ils ne donnent leurs réponses qu'en mode symbolique.

Un instrument extrêmement sensible

Lorsqu'on invite la voyante à concentrer sa pensée sur une image ou un groupe d'images, sans chercher à la faire dériver par une association de pensées et qu'on la fait descendre en examinant les éléments constitutifs de cette image, elle en perçoit la caractéristique intime et en voit le mécanisme interne. Il apparaît ainsi une nouvelle faculté qui consiste dans la constatation immédiate des lois naturelles et leur compréhension et qui donne, en conséquence, la possibilité de poursuivre des recherches scientifiques avec des moyens incomparables. La voyante constitue, dans ce cas, un instrument admirable, extrêmement sensible, conscient de la recherche et l'aidant intelligemment. Elle pénètre dans la structure intime des choses, en prolonge la perception comme on prolonge la vue du spectre dans l'infrarouge ou l'ultraviolet et révèle au chercheur des aperçus insoupçonnés pour lui. Si la voyante remonte ensuite le plus haut possible en maintenant sa pensée sur l'image, elle la voit dans son essence et lui en fait connaître le principe. Toutefois, cette nouvelle faculté comporte une difficulté,

ou plutôt une nécessité spéciale : il faut que la voyante ou
le voyant connaisse les éléments de la science qu'il doit
approfondir ; il est évidemment impossible de poser un
problème de mathématiques à qui n'en comprendrait pas
l'énoncé. De plus, il est malaisé de servir de guide quand
on tâtonne soi-même dans l'inconnu.

Un nombre indéfini de facultés

Cette faculté est la dernière que je puisse présenter, n'ayant
pas eu le loisir d'en étudier d'autres et ayant été absorbé par
celles que je viens d'exposer ; car celles-ci, non seulement
sont très captivantes, mais encore présentent un champ
de recherches illimité, surtout celle qui permet l'exploration de l'invisible. On conçoit aisément par ce qui précède
que la psyché humaine peut acquérir un nombre indéfini
de facultés. Il peut en naître autant qu'il y a de manières
d'orienter ou de faire jouer l'image après concentration, et
comme l'image constitue en quelque sorte un petit monde
avec des ramifications en tous sens et qu'elle possède des
facettes à l'infini, elle offre un nombre illimité d'orienta-
tions, et de modes de transformations qui se traduisent
par autant de facultés.

Ménagez vos sujets

Aucun travail de l'esprit ne saurait persister au-delà d'une
certaine limite sans fatigue ; il convient donc d'arrêter les
séances de voyance au bout d'une heure ou deux : la durée

dépend de la nature du sujet, de son état psychique, des circonstances et aussi de la variété des questions posées, car leur multiplicité est une cause de fatigue. La voyante, bien qu'elle garde pendant la séance une certaine conscience de l'ambiance, est dans la situation d'une personne plongée dans une profonde rêverie, que toute brusquerie fait sursauter. Il est donc nécessaire de la faire passer de la vision intérieure à la vie objective par des transitions dont le nombre et la nature dépendent de l'intensité et de la profondeur de cette vision. A cet effet, on l'invite à se représenter, sans à-coup et avec rythme, des images de descente et de retour, tout en se concentrant sur elle-même. On facilite son travail en lui rappelant, en ordre inverse, les principales images qu'elle a perçues en éliminant les visions désagréables s'il y en a eu, de sorte qu'on lui présente en dernier lieu la première image de la séance. A ce moment, on lui dit de se sentir dans son fauteuil avec l'impression de position confortable qu'elle avait au début, puis on lui fait la série des recommandations suivantes qui ont pour but de régulariser les fluides et les courants nerveux.

Pour régulariser les courants nerveux

Penser mentalement que la séance est terminée, en évoquant en bloc les sensations et visions agréables éprouvées, avec l'idée que l'effet bienfaisant demeurera en soi. Respirer profondément et largement avec le sentiment que la vie physique reprend avec force et rythme. Créer de soi-même une image pleine de santé et imprégnée des courants de force bienfaisante qui ont été traversés. Rentrer par la pensée cette image en soi-même, comme si elle constituait un noyau de santé et replier sur elle ses propres ondes. Penser que la portion cérébrale située contre le front et près des deux yeux se met au repos. Imaginer qu'on possède quatre corps fluidiques, l'un blanc, le second électrique, le troisième bleu, le quatrième formé de cercles concentriques de toutes couleurs ; se représenter ces quatre corps rentrant successivement en soi-même et se superposant de manière à se confondre, le quatrième se repliant et reliant les autres par ses cercles. Rétablir les courants inférieurs en les faisant circuler en forme de deux huit croisés, comme un trèfle à quatre feuilles et dans l'ordre : bras gauche, jambe droite, bras droit, jambe gauche, en envisageant successivement : le courant nerveux, le courant sanguin, le courant lymphatique. Se représenter soi-même exécutant différents mouvements de gymnastique. Rétablir la vue physique en cherchant à voir derrière les paupières fermées. Rouvrir les yeux derrière la main, qui continue à masquer ou plutôt à tamiser la lumière. Retirer enfin cette main qui a dû rester sur les yeux pendant toute la séance et qui ne doit être retirée qu'en dernier lieu, sous peine de maux de tête.

Ce travail de rentrée des fluides nerveux doit être fait avec le plus grand soin et durer une dizaine de minutes. Il peut être insuffisant pour un sujet très sensible, ou avoir été inefficace ; en ce cas il faut reprendre le travail de représentation plus soigneusement et avec plus de détail. On recommence alors en procédant suivant les indications suivantes en faisant durer l'opération vingt minutes.

Etant debout ou assis, le buste droit et appuyé, se mettre au calme, fermer les yeux et faire les représentations suivantes, groupées en quatre phases :

1ère Phase

1. La rentrée par toutes les parties du corps, de ses propres fluides, ou de fluides blancs, clairs, purs et vitalisants.

2. La rentrée de ses fluides nerveux, ou de fluides argentés, électromagnétiques par le cerveau, la colonne vertébrale et toutes les ramifications nerveuses.

3. La rentrée des fluides de circulation, bleus, par tous les systèmes de circulation du corps.

4. La rentrée des fluides mentaux, sous forme de cercles concentriques, de toutes couleurs, qui se resserrent autour du corps, comme pour le ligoter et empêcher les fluides précédents de ressortir.

Faire une respiration lente et profonde.

2e Phase

La rentrée des antennes d'émission successivement aux douze centres suivants : le coronal (dessus de la tête), le frontal ; la gorge, le cœur ; le nombril ; la rate ; les parties génitales ; le coccyx, les reins ; le poumon gauche, le poumon droit ; l'occiput.

Faire une respiration lente et profonde.

3ᵉ Phase

Eteindre les vibrations en soi en évoquant un sentiment de détente et de repos; se représenter successivement sept ondes sphériques blanches de plus en
plus subtiles enveloppant le corps s'en rapprochant en
diminuant, de manière à être finalement résorbées par
le plexus solaire. Respiration lente et profonde.

4ᵉ Phase

Se représenter:

1. Une boule blanche fluidique claire, au plexus solaire,
   puis rentrant dans le bras droit jusqu'aux extrémités
   des doigts après avoir parcouru le torse en décrivant
   une spirale. La ramener rapidement au plexus pour
   la conduire à la jambe gauche jusqu'au pied, puis
   de là au cou, à la tête, en lui faisant soigneusement
   irriguer le cervelet et le cerveau, la conduire à la
   jambe droite, puis au bras gauche, toujours jusqu'aux
   extrémités, la ramener au plexus solaire avec le sentiment qu'on l'y enferme étroitement.

2. Même opération pour le cœur, mais la boule est
   d'un beau bleu vitalisant, et on commence par le
   bras gauche, pour aller à la jambe droite et continuer de même.

3. Même opération, pour le foie, avec le sentiment
   de conduire une boule jaune, composée de pe-
   tites flammes purifiantes et de partir du bras droit

comme pour le plexus solaire.

4. Même opération pour la rate. La boule est rouge purificatrice, tonifiante et commence par la gauche, comme celle du cœur.

5. Faire passer par la plante des pieds un fluide magnétique, vitalisant qu'on représente venant du centre de la Terre, le conduire à travers les muscles des mollets, des cuisses, du torse, des bras, du cou, et de la face.

Nota : Si l'on a été en contact avec des fluides impurs ou des personnes malades ou malsaines, soufflez intérieurement très fortement. Si un organe est malade, y arrêter chaque boule un instant par la pensée, pour y imprimer l'action des fluides.

Ces précautions de retour à la vie objective peuvent être succinctes au début, mais deviennent indispensables lorsque la voyante commence à se développer, et surtout lorsqu'elle a tendance à s'extérioriser fortement ; dans ce dernier cas, elle étend sa sensibilité jusqu'à un ou deux mètres autour d'elle. Cette extension serait préjudiciable à sa santé, si elle se maintenait après la séance. Aussi est-il nécessaire de s'assurer qu'elle a véritablement réintégré ses fluides, ce qui s'obtient en approchant doucement la paume de la main relevée verticalement jusqu'à un ou deux centimètres du corps. Lorsque les fluides ne sont pas rentrés, on ressent des picotements, tandis que le sujet éprouve un agacement qui devient désagréable si on s'approche trop vite, ou si on dirige la main en pointe vers elle. Le fait que le sujet et l'opérateur n'éprouvent aucune sensation indique une réintégration complète des fluides.

Ce travail devient inutile avec un sujet développé, parce que celui-ci prend instinctivement toutes les précautions nécessaires. Non seulement il ne lui est plus nécessaire de placer la main devant ses yeux, mais il devient apte à faire la voyance, seul, les yeux ouverts, et même dans la foule, tout en opérant avec rapidité.

Quelques conditions à respecter

J'ai déjà énuméré quelques précautions à prendre pour mener à bien le développement des facultés supra-normales. Il en est d'autres d'ordre général que j'ai réservées pour la fin, en raison de leur importance et qu'il est indispensable de suivre, sous peine d'aboutir à un échec certain. La première, sur laquelle j'appelle tout particulièrement l'attention, est de n'entreprendre aucune recherche psychique dans le genre de celles qui viennent d'être indiquées sans obéissance à la loi morale, et pour qu'il n'y ait aucune ambiguïté, je définis ce que j'entends par ces mots. J'appelle obéissance à la loi morale, la tendance à réaliser l'équilibre harmonieux des contraires, car tout excès est un mal, tout manque d'harmonie est une souffrance, toute chose est bonne en son essence et ne devient mauvaise que par son usage malheureux. Il faut donc bannir toute passion violente, tout sentiment de haine ou même de simple animosité, toute curiosité malsaine, toute recherche égoïste susceptible de détriment pour autrui, bref tout ce qui peut être un élément de souffrance ou de déséquilibre. Un lac ne peut refléter le ciel ou le paysage environnant que dans le calme ; si ses ondes sont troublées, il ne renverra qu'une image déformée et confuse. De même, la voyante, gênée par des courants vibratoires désordonnés, n'est plus sensible que par éclair aux ondes subtiles qu'on lui demande d'apprécier, et ne perçoit que des visions trompeuses et erronées. L'expérimentateur de mauvais aloi pourra trouver tout d'abord des satisfactions dans sa recherche, soit par l'effet de l'intensité de sa volonté, soit pour des raisons occultes, mais son profit sera court, il sera tôt ou tard égaré et laissé dans l'erreur et la confusion, car, en vertu de la loi des affinités, le déséquilibre provoque le déséquilibre, s'exalte et, finalement, aboutit à la destruction des causes qui l'ont engendré.

Le jeu du subconscient

D'autres actions peuvent entraver l'exercice de la voyance, tel que le jeu du subconscient ou de la transmission de pensée. Certains ouvrages prétendent même expliquer par elle tous les phénomènes psychiques que nous venons de relater. Ces théories renferment une part de vérité, mais elles sont trop exclusives ; il est manifeste pour l'expérimentateur que leurs auteurs n'ont pas manié de cerveaux et ne sont que des spéculateurs en chambre, car la réalité est extrêmement complexe et ne saurait s'expliquer uniquement avec quelques hypothèses simplistes.

Tout d'abord, il faut s'entendre sur ce qu'on veut dire par

le mot subconscient : nous l'avons considéré comme re-
présentant les réserves acquises au cours de notre vie par
le fonctionnement de l'ensemble des mémoires, mémoires
instinctives aussi bien que mémoires mentales. La plupart
des auteurs envisagent le subconscient comme constitué
par les sensations inconsciemment reçues, enregistrées à
l'insu de l'individu dans sa mémoire. Or, la télépathie et
la voyance nous démontrent que l'être est susceptible de
recevoir toutes les vibrations de l'Univers : l'inconscient
compris de cette manière apparaît donc comme un lieu de
convergence des énergies mondiales et conséquemment
comme une représentation intérieure plus ou moins sensible, plus ou moins parfaite de l'Univers. Il n'est donc pas
étonnant que ce mot permette de tout expliquer, mais il
ne peut engendrer que des conclusions inconsistantes et
sans portée ; il ne suffit pas de coller une étiquette avec
un nom savant sur un flacon pour connaître les propriétés
de son contenu.

L'intuition des affaires de la vie

D'autres auteurs ont distingué, à juste raison, un subconscient et un superconscient, l'un étant constitué, comme nous l'avons admis, par ce qui provient de nous-mêmes et de nos acquisitions personnelles, l'autre par ce qui émane de tout ce qui est hors de nous. Cette distinction fait correspondre le jeu du subconscient à ce que nous avons appelé le travail en circuit fermé et le rôle superconscient au travail en circuit ouvert; elle fait aisément comprendre que la voyante rentrera dans son subconscient toutes les fois qu'elle y sera incitée par son intérêt personnel, ou lorsqu'elle aura des idées préconçues sur la question qu'on lui pose. L'exercice de la voyance demeurera donc toujours très difficile lorsque la question visera les intérêts pratiques du sujet ou suscitera chez lui un état passionnel; il se fera, au contraire, sans peine lorsqu'il s'agira de recherches abstraites ou désintéressées. Malheureusement le désintéressement scientifique est assez rare; les préoccupations souvent irritantes de la vie font naître un désir intense de demander des éclaircissements d'ordre matériel à la voyance; le jeu instinctif du subconscient intervient alors, et il faut lutter contre lui si l'on veut obtenir des renseignements plausibles. Le meilleur moyen consiste à procéder comme pour la double vue, c'est-à-dire à orienter le sujet, au préalable, sur des questions désintéressées, à le faire monter, à le placer dans l'état de calme, puis, seulement alors, à lui poser la question qui le préoccupe. Dans ces conditions la voyante ne peut faire de retour sur elle-même qu'après avoir traversé les images qu'elle a besoin de connaître et dont elle tire la solution qui lui importe. Ces difficultés n'existent plus lorsque le sujet recherche l'acquisition d'une faculté supra-normale avec un désintéressement complet. Non seulement il trouve la récompense de ses efforts dans l'affinement de ses perceptions qui lui apporte une lucidité remarquable et des intuitions spontanées dans les affaires de la vie, mais encore, par le fait de l'entraînement, il a conscience lui-même du jeu du subconscient et du superconscient : il distingue sans peine leur rôle respectif et il ne se laisse pas égarer par eux. C'est pourquoi il est prudent, au début de l'entraînement, d'éliminer toute question d'intérêt personnel et d'observer si l'attitude du sujet reste parfaitement calme ; tout geste, si minime qu'il soit, doit être noté et interprété, car il indique toujours une gêne ou une préoccupation. La voyance parfaite implique l'état de bien-être dans l'immobilité.

Comment projeter votre pensée

La transmission de pensée est moins fréquente qu'on ne le pense. La plupart des expérimentateurs avouent en avoir tenté l'expérience sans succès. Pour obtenir d'un sujet une lecture de pensée, il faut l'orienter sur soi-même, par la manière que nous avons indiquée pour l'étude des caractères par la double vue, avec cette différence que le personnage à étudier étant l'opérateur lui-même, l'association entre l'image-départ et celles qui sont adéquates à l'opérateur s'établit immédiatement, ou du moins par des transitions simples. Le travail est facile parce qu'il y a toujours échange réciproque de courants vibratoires entre le sujet et l'expérimentateur. Ensuite, on formule intérieurement la pensée qu'on veut transmettre, puis on « laisse aller », c'est-à-dire qu'on l'oublie en s'imaginant qu'elle a pris forme et qu'elle s'est éloignée dans la direction du sujet. Ce processus mental du laisser-aller est la cause de l'échec qu'on observe, parce qu'on le néglige presque toujours. Les expérimentateurs qui tentent ce genre d'expérience, en général, projettent mal leur pensée ; oubliant que deux appareils électriques ne peuvent communiquer s'ils ne sont accordés et si aucun courant n'est émis, ils maintiennent dans leur esprit l'idée de la pensée à transmettre au lieu de la laisser aller ; ils contrarient ainsi l'onde vibratoire, la neutralisent, l'empêchent de parvenir au sujet, qui, naturellement, déclare ne rien percevoir. Par exemple, nous savons qu'on peut faire se retourner certaines personnes dans la rue en les regardant dans le cou. L'expérience, facile avec l'attention spontanée, échoue généralement quand on a la volonté de la faire, précisément parce qu'on maintient en soi l'idée de faire retourner la personne. Il faut la regarder comme si on était hors de soi-même et contre elle, alors la pensée arrive jusqu'à elle, produit un contact fluidique et provoque une impression vague de présence. En résumé, la transmission de pensée ne se produit qu'avec une extériorisation convenable de cette pensée, mais comme ce phénomène est toujours possible, il y a lieu de craindre qu'il n'intervienne dans l'exercice de la voyance avec un effet fâcheux. Cette intervention deviendra presque fatale lorsque l'expérimentateur sera lui-même préoccupé par une question personnelle ; la voyante, dégagée de son subconscient, rentrera dans celui de son guide, n'y verra que le reflet de ses désirs, ou sera troublée par la violence des courants et finalement ne donnera que des réponses sans valeur. C'est pourquoi l'expérimentateur dépourvu de calme devra recourir à une personne désintéressée pour obtenir la solution qu'il désire, mais s'il ne peut utiliser une intervention étrangère, il procédera, comme nous venons de l'indiquer à propos du subconscient, en commençant par des questions indépendantes de sa préoccupation, puis par la montée du sujet et sa descente sur la question pratique.

Nous voyons, en définitive, que les complications introduites dans la voyance par le subconscient et la transmission de pensée, sont aisément évitées lorsqu'on opère dans le calme, et comme le calme est un état d'équilibre, cette obligation implique encore l'obéissance à la loi morale, principe de tout équilibre. Il faut donc essentiellement que l'expérimentateur soit neutre autant que possible ; il ne peut jamais l'être entièrement, car la neutralité absolue impliquerait l'indifférence vis-à-vis du phénomène et l'absence d'action ; mais il doit avoir pour l'expérience un sentiment de légère curiosité et pour le sujet un désir d'aide et de bienveillance. Il convient, s'il veut atteindre cette neutralité, de se défier de lui-même et de se souvenir que les idées préconçues et le bagage philosophique que nous traînons avec nous, alourdissent le fonctionnement de notre cerveau et nous font, le plus souvent, étudier les phénomènes avec des lunettes déformantes.

Dépasser les plans inférieurs

On rencontre encore dans le développement des facultés supra-normales une difficulté inattendue et souvent peu aisée à vaincre. Elle se produit lorsqu'on opère non plus avec un sujet neuf, mais avec une personne qui a déjà pratiqué la voyance. Comme il n'existe pas de procédé scientifique d'entraînement, cette pratique se fait presque toujours dans des conditions défectueuses, à la façon d'un élève qui apprendrait la musique sans professeur et sans méthode. Le cerveau se fausse, la personne oriente ses visions au hasard et sa faculté devient inégale et chaotique. C'est une des raisons pour lesquelles les professionnels de la voyance manifestent un mélange de vérités et d'erreurs et dépassent difficilement les plans inférieurs. Ce psychisme imparfait se constate non seulement chez les personnes qui ont travaillé la voyance volontairement, mais encore chez celles qui la pratiquent inconsciemment. Car les artistes, la plupart des femmes, ainsi que ceux qui se laissent profondément absorber par leur imagination, développent, sans le savoir et avec confusion, l'aptitude aux perceptions du superconscient. Tout travail d'imagination, et cela s'explique aisément par ce que nous avons dit sur le rôle de l'imagination, conduit par instant au seuil du subconscient et provoque incidemment, au hasard des opérations de la pensée, des fugues dans le superconscient. Il en résulte à certains moments des intuitions remarquables, voire même pour certains cerveaux des éclairs de génie, mais le plus souvent des impressions incohérentes et plus ou moins trompeuses. Telle lubie féminine, telle phobie incompréhensible prennent leur source dans des concentrations intérieures mal conduites. Il en est de même de certains maux physiques inconnus de la médecine actuelle ou de certains cas d'hallucination ou de folie. Leur guérison, ou tout au moins leur atténuation, peut s'obtenir par des méthodes analogues à celles qui viennent d'être indiquées pour le développement des facultés supra-normales. Cela se conçoit aisément, puisque ces maux procèdent du même principe et sont l'effet d'un travail inverse de l'autre.

Comment faire de la personne un excellent sujet

Je n'insisterai pas sur le point de vue curatif des troubles psychiques qui ne rentre pas dans le cadre de cette étude, je n'indiquerai que les moyens de remédier aux entraves que la pratique défectueuse de la voyance apporte à son développement régulier. On peut tout d'abord rechercher la nature des défectuosités qui en sont la conséquence, puis faire disparaître celles-ci progressivement, mais ce procédé est délicat à manier, il demande du tact et nécessite une solution nouvelle pour chaque défectuosité ou chaque sujet. Le mieux est de faire table rase de l'acquis et d'agir comme le professeur qui fait recommencer le dessin au lieu de le rectifier. A cet effet, on procède d'une manière inverse de celle que nous avons indiquée pour faire démarrer le sujet ;

au lieu de le pousser progressivement hors du subconscient, on le laisse se projeter de lui-même dans son plan habituel de travail, puis on le ramène dans son subconscient par des mots suscitant des images de retour, tout en prenant soin de le faire opérer avec calme et rythme. Quand on s'est assuré qu'il est effectivement replié sur lui-même, on le dégage à nouveau, mais très légèrement, en l'observant étroitement et en ayant recours à des transitions très nuancées pour empêcher qu'il ne revienne brusquement dans son plan habituel par son procédé. On se garde en même temps de poser toute question difficile et susceptible de l'égarer. Le succès dépend de la patience et du doigté de l'opérateur. Par contre, quand il est obtenu, il fait de la personne un excellent sujet, car il est évident que celle-ci possédait des dispositions natives à la voyance, sans quoi elle n'aurait pas été incitée à s'y adonner et que ces dispositions peuvent devenir remarquables avec un entraînement convenable.

Ce que ressent le sujet

Il n'a été question jusqu'ici que de la mentalité de l'expérimentateur pendant le développement des facultés supra-normales ; il peut être intéressant d'examiner celle du sujet et d'analyser ses sensations. Les impressions ressenties sont analogues chez toute personne et ne diffèrent que par les phases transitoires, car, au début de l'entraînement, elles dépendent de l'état mental, des aptitudes et des facilités d'assimilation ; certains sujets brûlent les étapes, d'autres, au contraire, s'éternisent sur les premières perceptions ;

pour plus de généralité nous indiquerons les sensations progressives.

La personne qui va commencer un exercice de voyance et qui n'a aucune notion de ce qu'elle va éprouver se rend difficilement compte de la différence qui existe entre la sensation objective provoquée par l'appareil visuel et la sensation subjective qui provient du superconscient. Elle fait même souvent des efforts malheureux pour fixer l'image intérieure en cherchant à la regarder avec ses yeux, de sorte qu'elle la fait disparaître au lieu de l'accentuer. Les sensations internes présentent cette caractéristique qu'elles ne sont pas localisées et qu'elles donnent le sentiment de pouvoir devenir aussi bien auditives que visuelles; c'est d'ailleurs pourquoi le développement de la clairaudience se fait comme celui de la clairvoyance. En outre, la perception précise la sensation, alors que le contraire a lieu pour les impressions objectives; autrement dit, la signification d'une vision concrète apparaît après coup, tandis que celle d'une vision subjective se connaît immédiatement. Par exemple, un édifice entrevu dans le brouillard donne d'abord une impression de confusion, et ne se reconnaît qu'avec l'approche, lorsque ses contours sont devenus suffisamment précis. Au contraire, dans la vision subjective, l'édifice est perçu avec son caractère propre, avant même que l'image en soit dessinée. Cela tient à ce que la personne affectée par une onde vibratoire la perçoit d'abord comme impression générale, puis la localise et l'accorde avec un de ses sens habituels, afin de pouvoir la situer en elle-même.

L'intensité de l'image

L'intensité de l'image dépend du degré d'entraînement et de concentration intérieure ; d'autre part, si dans l'exercice de la voyance le sujet reste très conscient de ce qui se passe autour de lui, le champ de sa conscience se partage entre les sensations objectives et les subjectives, et les visions demeurent nécessairement pâles et presque incolores. L'image tend encore à rester pauvre lorsque le sujet monte aussi haut que possible, parce qu'elle est alors à la limite de la perception. C'est pourquoi certaines voyantes des plans hauts n'ont jamais que des visions affaiblies, tout en donnant des renseignements remarquables. La quantité de la voyance ne dépend pas de la netteté des images, mais de la valeur, de la richesse et de la précision des indications fournies. Le plus souvent, la personne qui désire acquérir la voyance ignore ces détails ; elle s'imagine que ses visions auront la netteté de celles de la vie courante, et elle est surprise de ne ressentir que des impressions fugitives et vagues au lieu d'apercevoir des images définies et colorées. Ce sentiment joint à la crainte d'avoir des réminiscences et à l'ignorance du véritable rôle de l'imagination lui font douter du succès. Ce doute non seulement entrave le développement de la faculté, en provoquant des retours continuels dans le subconscient, mais encore peut être assez fort pour la décourager et, pour peu qu'il s'y mêle un peu de versatilité, l'empêche, bien à tort d'ailleurs, de continuer plus avant.

Si, au contraire, elle a la patience de persévérer, comme

elle garde un souvenir précis des impressions ressenties à chaque séance, quel que soit l'intervalle de temps qui les sépare, les sensations s'ajoutent, se coordonnent ; le progrès est continu, il est tôt ou tard senti et il dissipe les doutes du début. Les images prennent alors plus de coloris ; elles rappellent celles du rêve, ou mieux celles qu'on perçoit le soir ou le matin avant de dormir ou dans l'instant qui précède le réveil, le cerveau étant à demi entre veille et sommeil. Elles ont d'abord une durée très courte et passent quelquefois comme un éclair, mais en laissant toutefois une impression assez forte pour être analysée. Avec le temps, la fixité vient et les images simultanées se multiplient. Le mot prononcé par l'opérateur évoque un flot de sensations visuelles, et le sujet n'a que l'embarras du choix. Sa richesse de perceptions devient telle qu'il se trouve gêné par l'obligation de s'exprimer par des mots.

L'extériorisation

Sa conscience de l'ambiance peut rester pleine et entière, ou être augmentée ou diminuée à volonté ; il peut même être poussé jusqu'au sommeil en accentuant l'accrochage, ainsi que nous l'avons dit. Mais il est préférable d'éviter le sommeil pour les raisons déjà données, et parce qu'il en résulte une extériorisation qui fatigue le sujet et présente des inconvénients pour la santé. Nous avons parlé maintes fois de la sortie du sujet hors de son subconscient ; nous n'entendons par là ni une extériorisation, ni aucun déplacement dans l'espace invisible, mais un état psychique tel que le sujet cesse d'être sensible aux vibrations de son subconscient pour le devenir à celles du superconscient.

Des progrès souvent surprenants

Lorsque cette phase de début difficile comme toutes les périodes de démarrage, est dépassée, le progrès est indéfini et les résultats obtenus par l'exercice continu de la faculté, confinent au merveilleux. Un sujet, bien entraîné pour la double vue, diminue le temps qu'il met pour trouver l'image de l'objet, du lieu ou de la personne qu'on lui indique au point de répondre instantanément; il arrive ensuite à se passer de l'expérimentateur et à faire la concentration mentale par simple volonté, et, comme il conserve toujours la conscience de ses actes, il peut pratiquer la double vue en pleine conversation, entre deux mots, sans que l'interlocuteur s'en aperçoive. La vision cherchée, s'il s'agit d'un lieu, le sentiment psychologique, s'il s'agit d'un caractère, le traversent comme un éclair, se fixent dans sa mémoire et il lui suffit d'analyser son impression pour en déduire ce qui lui convient. Il peut de même saisir nettement toutes les préoccupations des assistants et faire des lectures de pensées très précises.

Le sujet entraîné à la vision rétrospective ou prémonitoire manifeste une faculté encore plus remarquable. Certaines personnes arrivent à embrasser d'un coup d'œil le passé et l'avenir de la Terre et peuvent même dépasser le champ terrestre pour voir sur les autres planètes. Tel sujet m'a décrit les premières apparitions de la vie, les mœurs des animaux antédiluviens avec une netteté saisissante, qui surpasse amplement les données de la science tout en les éclaircissant. D'autres sujets interrogés sur les mondes futurs m'ont dépeint la forme des sociétés de l'avenir, leurs mœurs, leurs industries, leur vie détaillée avec une concordance réciproque d'autant plus surprenante qu'ils ne se connaissaient pas entre eux. Non seulement leurs conceptions étaient inattendues, originales et hors de leurs esprits et du mien, mais les organisations matérielles, les solutions morales, entrevues pour le futur étaient incontestablement supérieures à ce que nous étions, eux ou moi, capables d'imaginer. Non seulement il n'y avait aucune divergence entre leurs descriptions, mais certaines d'entre elles, concernant, par exemple, des machines de l'avenir, des détails de costume, étaient données en partie par l'un et complétées par l'autre, quelquefois après un long intervalle de temps. Il faut donc bien admettre qu'elles ne résultaient pas d'un travail de leur subconscient, mais qu'elles émanaient d'une source indépendante d'eux-mêmes, comme si le futur annoncé était préexistant, ou du moins en élaboration dans le cerveau de la terre. Ces visions d'ailleurs n'impliquent aucun fatalisme, car les sujets ajoutaient qu'elles ne donnaient pas la certitude de ce qui doit arriver, mais qu'étant conformes à la logique et aux tendances de l'humanité, elles avaient un caractère de grande probabilité.

Une richesse de coloris incomparable

L'exploration de l'invisible, pour un sujet entraîné, surpasse comme intérêt les données des précédentes facultés. Ces modes vibratoires en nombre illimité, avec leurs combinaisons incalculables, auxquels j'ai déjà fait allusion, et que la science nous laisse soupçonner, deviennent peu à peu sensibles et engendrent des sensations et des perceptions inconcevables à notre entendement. Les images, qui étaient pâles et imprécises au début de l'entraînement, offrent une richesse de coloris incomparable ; elles semblent tissées dans la lumière même et leur éclat, qui croît graduellement avec la montée du sujet, devient insoutenable lorsque celle-ci dépasse son degré d'évolution. Les scènes entrevues, terrifiantes, dans les plans bas, deviennent admirables dans les hautes régions, où elles sont composées avec une harmonie parfaite. Le monde du merveilleux, aux transformations féeriques incessantes, aux innombrables variétés d'êtres et de formes, se présente aux yeux du sujet dans sa splendeur. Aussi la simple pensée de retour à la vie objective lui cause-t-il un véritable chagrin. Dans ces plans supérieurs, même les sensations les plus simples, celles qui résultent d'une simple transposition des vibrations terrestres élémentaires, sont curieuses à noter. Par exemple, un sujet « entendait les pensées harmonieuses émanées de la terre ; il percevait leurs vibrations comme des sonorités qui rappelaient à la fois, quoique avec plus de pureté et de délicatesse, celles de la harpe et du cristal. Il avait le sentiment d'être plongé dans une mer d'harmonie inconcevable et il lui suffisait de fixer son attention sur une de ces sonorités pour saisir toute la profondeur de la pensée correspondante ». Plus haut encore, les formes disparaissent et les impressions deviennent d'une plénitude et d'une étendue qui ne peuvent se dépeindre avec les expressions si pauvres de notre langage terrestre. La plupart de ceux qui n'ont pas assisté à ces scènes de voyance et qui n'en connaissent que le récit demeurent incrédules et attribuent aux fantaisies de l'imagination ces extraordinaires visions. Cependant ces descriptions impliquent une faculté de composition esthétique supérieure à la mentalité du sujet: elles ne sont nullement incompatibles avec les hypothèses permises par la science, et comme elles se retrouvent chez toute personne convenablement entraînée, quel que soit l'opérateur, il faut bien admettre qu'elles prennent leur base hors du sujet; mais l'homme conçoit difficilement ce qu'il n'a pas ressenti; il préfère nier ce qui gêne son entendement ou en soulager sa philosophie par une explication facile.

Une agréable sensation de détente

A la fin d'une séance de voyance, conduite avec les précautions qui ont été indiquées, le sujet reprend la conscience du monde objectif, non seulement sans fatigue, mais encore en meilleur état physique et psychique qu'au début, avec le souvenir complet de tout ce qu'il a vu et ressenti; son seul nuage est de quitter l'état de bien-être qu'il éprouvait au cours de ses visions merveilleuses.

Sa physionomie porte, lorsqu'il rouvre les yeux, un sourire caractéristique fait de détente, de calme intérieur et d'une sorte d'imprégnation du mystère. Ce sourire, avec l'absence de tout mouvement nerveux, est pour l'expérimentateur l'indice que la séance a été correctement menée.

Mais si, au contraire, les précautions ont été négligées, si on a manqué de patience, si on a pressé le sujet sans lui donner le repos nécessaire, si on a multiplié les questions décousues et opéré avec un trouble passionnel, si on ne s'est pas plié à la loi morale, si on n'a pas fait faire soigneusement les impressions de retour, on fatigue le sujet, on épuise son système nerveux, on provoque l'opposition d'êtres occultes, de centres conscients insoupçonnés (surtout dans le cas de désobéissance à la loi morale) et on engendre des troubles circulatoires. Si on persiste dans les mêmes fautes pendant plusieurs séances, on peut déterminer toute une gamme de maux psychiques : anémie, épuisement nerveux, troubles cardiaques, désordres passionnels, hallucinations, folie, voire même mort subite par le cœur. Toute science a sa contrepartie, en bien comme en mal, et il ne convient pas d'aborder les sciences psychiques par jeu ou par simple curiosité.

Une culture de l'esprit extrêmement riche de conséquences

En résumé, nous pouvons dire que le développement des facultés supra-normales est une culture de l'esprit. Il rend celui qui s'y soumet plus sensible aux fines vibrations, il l'affine, élargit son horizon et accroît ses connaissances. Il améliore son état nerveux, il le dote pour la vie pratique d'une intuition pénétrante, qui lui fait déjouer les pièges de ses adversaires et le guide dans la conduite de la vie matérielle. Il lui apporte une clairvoyance profonde de la vie psychique, qui lui fait comprendre son destin, qui lui donne la confiance supérieure et l'aide à supporter ses épreuves, tout en les atténuant. Enfin il lui rend indéniable l'existence de la survie ; il l'éclaire sur ce problème redoutable et le prépare au destin qui l'attend dans la vie invisible.

Ces facultés ne constituent pas un simple avantage pour l'individu, elles ont une portée plus profonde, car elles sont les premiers éléments des sciences psychiques. Or, ces dernières sont encore embryonnaires et sont à peine dans l'état d'avancement où se trouvait l'électricité au siècle dernier. Alors que les expériences du début, comme celles de Volta ou d'Ampère, étaient à peine connues et n'intéressaient que les savants, elles ne pouvaient faire présager les résultats pratiques et industriels qui en ont été tirés, ni les espoirs que nous fondons aujourd'hui sur le magnétisme et l'électricité. De même ceux qui ont commencé à jeter les bases des sciences psychiques voient en elles un avenir, insoupçonné du public, et vraisemblablement supérieur aux sciences physiques incapables d'affecter l'être aussi profondément qu'elles. Elles auront nécessairement une répercussion sociale toujours croissante. Elles permettront, en effet, de constituer une psychologie rationnelle et, partant de là, une pédagogie scientifique. Elles aideront à résoudre les crises sociales, car elles donneront la solution économique. Elles apporteront les ressources incalculables de l'invisible. Elles amélioreront l'humanité, car elles lui prouveront la réalité de la survie. Elles lui démontreront la nécessité de la loi morale. Elles élargiront sans limite le champ de sa conscience et elles dégageront l'homme de son enlisement dans la matière, en lui montrant que la chose la plus essentielle pour lui, et à laquelle il doit subordonner ses intérêts, est l'évolution de sa conscience sur les trois plans : physique, animique et mental.

CONCLUSION

Conclusion

En général, nous vivons dans le désordre de nos sensations et de nos émotions, capables tout au plus d'exercer sur elles une domination imparfaite et éphémère, et nous sommes impuissants à utiliser les richesses latentes de notre nature. Notre cerveau travaille avec incohérence et ressemble au château de la Belle au Bois Dormant ; enveloppé par l'inextricable maquis des soucis et des préoccupations journalières, il dissimule, en son intérieur, une multitude de facultés endormies. Mais aucune force ne demeure impénétrable au géomètre qui, par ses repères et ses bases précises, en détermine l'accès et les chemins de parcours. De même, l'étude de nos réactions sensitivo-motrices telle qu'elle est pratiquée dans la psychophysique, dégage les éléments essentiels de notre mental, les précise, les coordonne et fait apparaître des états de conscience nouveaux, ou rend permanentes des facultés dont la manifestation n'est qu'accidentelle, comme celle de la clairvoyance.

L'élément le plus essentiel de notre mental est la sensation qui résulte de notre réaction consciente au choc des ondes ou courants émis par les principaux résonateurs de notre ambiance, comme la lumière, le son, les odeurs, etc. Dans la vie ordinaire ces résonateurs ne sont jamais isolés ; leur ensemble provoque des groupes de sensations qu'on appelle des images. Ces images, suivant le jeu perpétuellement changeant des excitants, forment des scènes qui se modifient rapidement, tout en laissant des traces, qui permettent de les retrouver par le souvenir, et qui, en s'accumulant avec les années, constituent ce qu'on appelle le subconscient.

De plus, ces images s'interpénètrent ou se confondent, en raison de la similarité des courants qui les constituent, et peuvent s'associer par contiguïté dans le temps ou l'espace. Ainsi le rappel d'un banc évoque telle ou telle circonstance, tel ou tel accessoire, auquel il s'est lié, comme un jardin ou une rue. Le jeu fantaisiste, en apparence du moins, de ces images constitue l'imagination. Celle-ci est passive lorsque les images surgissent spontanément comme dans le rêve ; elle est active lorsqu'elle est provoquée par la volonté, comme dans la conception d'un roman. Mais dans l'un et l'autre cas, l'apparition de l'image implique toujours une association avec la précédente ; c'est pourquoi le contraste, c'est-à-dire l'apparition d'une image sans lien avec l'image antérieure ne peut résulter que d'une action extérieure à nous, et c'est une des raisons qui motive l'intervention d'un instructeur dans le développement de la clairvoyance.

Donc, il y a, d'une part, l'image première, qui est la réaction directe de notre être à un faisceau de courants et, d'autre part, l'image seconde, reflet de l'image première, maintenue à travers le temps par la mémoire et qui est évoquée soit par association, soit par contraste ; mais, tandis que l'image première est due à la réceptivité d'un courant et à son interprétation par notre conscience, l'image seconde naît en nous et s'irradie à travers l'espace, comme le démontrent les phénomènes de télépathie et l'étude des réactions sensitivo-motrices. Si bien que notre cerveau fonctionne comme un appareil de radio, tantôt comme récepteur, tantôt comme émetteur.

Sept règles essentielles

En général, ces images irradiées dans l'espace sont trop faibles pour atteindre notre conscience, et il faut, pour les percevoir, modifier celle-ci ou la rendre plus subtile. Or, la conscience résulte de deux facteurs : l'intensité de l'excitant et le contraste : une lumière reste inaperçue si elle est trop faible, ou encore si elle ne se différencie pas de l'ambiance. Sans ombre il n'y a pas de lumière. Nous savons donc modifier la conscience, puisque ces deux facteurs sont en notre pouvoir. Pour réaliser le premier facteur, nous rendrons la conscience sensible à des intensités de plus en plus fines :

1. En les empêchant de se disperser par l'isolement du sujet, des bruits et des excitants extérieurs ;
2. En aidant le sujet à chasser ses préoccupations et à se rendre aussi calme que possible ;
3. En concentrant sa pensée sur une image ;
4. En faisant appel au contraste dès que la concentration cesse d'être efficace ;
5. En provoquant l'accrochage, c'est-à-dire en faisant vivre l'image en soi ;
6. En opérant par transitions convenables et évitant toute question décousue. Dans le passage par contraste, on prévient le sujet qu'on va modifier l'image et on l'in-

vite à se préparer au changement;

7. En augmentant le rendement de la conscience par
    la création d'une ambiance harmonique, c'est-à-dire
    par la montée.

Précisons davantage ces sept points. Le sujet, c'est-à-
dire toute personne soucieuse d'acquérir la clairvoyance
suivant la loi morale, est installé commodément dans une
pièce, hors de toute gêne physique, la main repliée sur ses
yeux pour masquer la lumière. On le conduit au calme intérieur par le vide de pensées, ou plutôt en l'invitant à se
représenter différentes images adéquates, comme de ba-
layer ses soucis, ou de se souvenir d'un lac calme au soleil
couchant, ou de s'imaginer de grandes étendues mono-
tones. Ensuite on le prie d'orienter ses pensées dans un
sens moral harmonique.

Le calme obtenu, on lui demande de rester neutre, simplement attentif au mot qui va être prononcé, de chasser tout effort de mémoire et de décrire immédiatement
l'impression qui surgira. On articule un mot concret mais
générique, comme un vase, un chien, sans en avoir soi-
même la représentation précise, pour éviter la suggestion.
Ce mot, par un effet de contraste, provoque un léger choc
dans la conscience et fait apparaître une image, dont on
demande la description détaillée pour qu'on puisse s'en
faire soi-même une représentation exacte. Cette opération a le double but de forcer le sujet à la concentration
de pensée et de mettre l'instructeur à l'unisson avec lui.
L'image épuisée, on invite le sujet à l'effacer de son esprit

et on recommence avec des mots nouveaux suscitant des images de plus en plus complexes, comme un appartement, un jardin, un château. On facilite alors leur développement en faisant vivre le sujet dans l'image, c'est-à-dire qu'on lui demande de se placer contre l'objet, de le saisir en pensée ou, s'il se représente une route, de circuler sur elle. Ensuite on l'associe à des images de mouvement, comme la montée dans une voiture, une auto ou un train. Dans toutes ces opérations, l'instructeur ne donne que les indications strictement nécessaires pour éviter la suggestion et pour provoquer l'apparition du plus grand nombre possible d'images spontanées.

Dans les débuts, les images spontanées se produisent parfois avec confusion et avec des sensations désagréables, c'est pourquoi il faut créer l'ambiance harmonique dont il a été question, dès que le sujet commence à savoir concentrer sa pensée. En premier lieu, toute image spontanée, laide, déformée ou désagréable doit être immédiatement chassée ; en second lieu, on provoque une série d'impressions de montée en invitant successivement le sujet à se figurer qu'il gravit une route escarpée, qu'il escalade une montagne, qu'il monte sur une échelle se perdant dans les nues, tout en marquant des alternatives de repos, finalement qu'il s'élève dans l'espace en décrivant des spirales.

Dans ces conditions, la conscience devient progressivement sensible à des vibrations de plus en plus fines. Le mot prononcé engendre une image, donc un courant qui se diffuse dans l'espace et réveille au hasard de la rencontre des courants connexes, qui resteraient inaperçus dans l'état ordinaire et qui sont ressentis dans ce nouvel état de conscience. Le sujet éprouve des impressions de formes, de paysages, qui se précisent avec l'attention pour disparaître avec les progrès de la montée et faire place à des sensations d'ambiance, lumineuses et colorées, dont l'intensité et la beauté sont incomparables. Ces ambiances se peuplent d'êtres dont les contacts évoquent des sensibilités exquises, des sentiments extra-terrestres, très purs et très beaux.

Dans ces montées harmoniques, au lieu de laisser les courants images surgir au hasard, on peut choisir les mots de manière à déterminer certaines associations voulues. Le mot devient une sorte de manipulateur à courants, au moyen duquel on peut relier le sujet à tel ou tel individu ou à telle ou telle scène lointaine, et c'est ainsi qu'on le conduit à des visions à distance, à la lecture de pensée et à la prémonition, c'est-à-dire à la perception des événements en préparation.

A noter qu'il importe de prendre autant de soins à ramener le sujet de l'état subjectif à la vie objective qu'on en a pris pour le mettre en état de concentration, sous peine de provoquer des fatigues, vertiges et malaises dus à la circulation imparfaite de la vie fluidique et nerveuse, surtout lorsque le sujet est sensible et très imaginatif ou s'est développé sans guide.

Comment faire le retour

Le retour se fait par l'évocation inverse des images qui ont servi au dégagement, par la représentation de soi-même dans le fauteuil, par plusieurs profondes respirations, surtout par la représentation du repliement des ondes sur soi-même, et de la réintégration des corps fluidiques, par celle de la mise en ordre des courants circulatoires et de l'assouplissement gymnastique, comme il a été dit antérieurement.

Chaque séance porte ses fruits, et par l'effet de cette culture psycho-physique, les images perçues ne s'oublient plus, la mémoire se perfectionne, l'intuition se développe d'une manière surprenante ; l'esprit pense avec plus de calme et de modération : des sensations inconnues apparaissent. L'espace et le temps, ces deux entraves de la vie, s'atténuent, la clairvoyance apparaît, une faculté nouvelle est née, apportant avec elle une amélioration dans la santé morale et physique.

Discovery
Publisher

Les Éditions Discovery est un éditeur multi-média dont la mission est d'inspirer et de soutenir la transformation personnelle, la croissance spirituelle et l'éveil. Avec chaque titre, nous nous efforçons de préserver la sagesse essentielle de l'auteur, de l'enseignant spirituel, du penseur, guérisseur et de l'artiste visionnaire.